中國武術審美哲學
一現象學詮釋

鄭仕一 著

文史哲學集成
文史哲出版社印行

國家圖書館出版品預行編目資料

中國武術審美哲學：現象學詮釋 / 鄭仕一
著. -- 初版. -- 臺北市：文史哲, 民 95
　頁：　公分. -- (文史哲學集成；510)
參考書目：頁
ISBN 957-549-664-7(平裝)

184.6

文史哲學集成 510

中國武術審美哲學
一現象學詮釋

著　　者：鄭　　　仕　　　一
出 版 者：文　史　哲　出　版　社
http://www.lapen.com.tw
登記證字號：行政院新聞局版臺業字 五三三七號
發 行 人：彭　　　正　　　雄
發 行 所：文　史　哲　出　版　社
印 刷 者：文　史　哲　出　版　社
臺北市羅斯福路一段七十二巷四號
郵政劃撥帳號：一六一八○一七五
電話886-2-23511028・傳真886-2-23965656

實價新臺幣三四○元

中華民國九十五年(2006)四月初版

中國武術審美哲學

目　　錄

中國武術審美哲學－現象學詮釋

中文摘要

中國武術在攻防意識較弱的當代思維下，已漸漸將攻防意識的呈現轉化爲一種美學思維，而中國武術所重視之陰陽、剛柔、開合、起落、化轉等特點，亦都成爲一種獨特美學特徵，這等美學特徵造就中國武術的藝術基因。對於中國武術的哲學美學研究，理應結合東西方的美學理論綜合論述，以期研究結果符合現代文化融合的風潮。當然，中國武術源於中國，故應對中國傳統美學做深刻的切入，再輔以當代西方的思維觀念，歸結出中國武術的美學特徵。研究中國武術的哲學美學特徵，應從其中國武術技能表現的"本質範疇"問題進行思維解構，然後再依其內容所衍生的關聯進行一系列的哲學美學的分析。因此，我們有必要經由相關文獻的推理論證，對中國武術哲學美學的"核心、要素與特徵"進行科學的、哲學的提煉與研究。本研究目的在於透過對"陰陽變易哲學"、"老莊道哲學"、"中觀哲學"等並以"現象學"爲整個論文的軸心進行研究分析，提煉出中國武術哲學美學的"核心、要素與特徵"，以建構中國武術哲學美學體系。本文研究總結出：中國武術哲學美學的核心－"人"與"武術"，它是"**先驗的融合性**"，這並不是一般地主客體之謂；中國武術哲學美學的要素是做爲內在要素的"**直覺觀念、想像體驗**"，以及做爲外在要素的"**超感反應、妙悟回饋**"，它是"**先驗的存在性**"。中國武術哲學美學的特徵是"**虛實、意形、節奏、剛柔**"的融合與超越的"本質直觀"的範疇，它是"**本質的直觀性**"。因此，中國武術哲學美學之研究，是一種哲學化的美學思辨的藝術。

關鍵字：中國武術、哲學、美學

Research of Chinese martial arts esthetics of philosophic

Abstract

Due to weakness of attack and defense, Chinese martial arts have been transformed into a thought of esthetics of this generation. Yin Yang, Kai he, Hardness and softness, Up and down, Change etc; they also become unique characteristic and the art factors of Chinese martial arts. We should combine eastern with western theory to do the research on Chinese martial arts, and the results are expected to cater to the integration of modern culture. Certainly, we have to study Chinese traditional esthetics at the same time, cooperate with modern western thought in order to generalize the characteristic of Chinese traditional esthetics. This research should start from basic questions of Chinese traditional esthetics to analysis the connection, which is expended by it. Therefore, through analogizing relative references, we should make philosophical study on which was aimed the core, elements and characteristic of Chinese traditional esthetics.

The purpose on this study is to refine the basic core, elements and characteristic of Chinese martial arts esthetics. The conclusions are, A. The basic core of Chinese martial arts is: the main part is human and the secondary part is Chinese martial arts. B. The basic elements of Chinese martial arts are concept, experience as the inside elements, response and feedback as outside elements. The characteristic of Chinese martial arts has four items: they are "false or true", "meaning and appearance", "rhythm", "hardness and softness". This is an art of philosophical thought.

Key words：Chinese martial arts、esthetics、philosophy

第一章　緒　論

第一節　研究背景

一、中國武術哲學化的 "美學內涵"

　　中國武術是一古老的身體與心靈兼備的文化，它是以中國古老思想為基礎在面對種種矛盾與衝突時而形成的文化體系。中國武術內容豐富，不僅重視身體技能的鍛練，同時注重心靈氣化的涵養，它以身體動作為媒介，藉由深層內化的哲學思想來整合 "身" 與 "心" 的一致性，"身" 與 "心" 的和諧性，更進一步創造 "身" 與 "心" 融合的 "美學內涵"，它是 "身體心靈化"、"心靈身體化" 的獨特的 "身心文化" 與 "人體技能藝術"。「中國武術文化是由表層——武術具體的動作形態；內層——設計動作形態的內在原則；核心層——支配這種內在原則的價值系統等三個層次組成。顯然，價值系統的形成是直接受到了中國古代哲學的決定影響」[1]。中國武術不論表層、內層或核心層都受中國傳統哲學思想的深化，動作形態具涵 "陰陽變易" 的虛實、剛柔等概念，而內化於心靈層次的則是具涵 "渾沌性"、"純粹性" 的 "道" 的內涵。中國武術是強調 "內觀" 的功夫，此 "內觀" 的特色就使得中國武術的 "美學內涵" 存在於內化在心靈層次的 "道" 之中。所以對中國武術哲學化的 "美學內涵" 的研究不應忽視中國傳統哲學的影響。"道" 的基本表徵在於 "陰陽變

---

[1] 劉　銳，〈中國武術文化的哲學內涵〉，《四川體育科學》1 期（2000），第 8-10 頁。

易"的"對立性、衍生性與融合性",而"道"的本質"道"則是"無言的"、"渾沌的"、"超越的"、"融合的"、"純粹的"現象。"道"學說透過老莊思想而深耕發展,"道"的實質內涵是一極度深化的哲學思辨,類似於佛教中觀哲學"空性"之說,又與現象學的 "純粹意識"的本質性相似。它們都具備了探索主體與客觀世界之種種變動關係的本質實相的深化理論,都是以"人"爲主體進行一連串高度"內觀"的思辨學說。中國武術之"身體心靈化"、"心靈身體化"的"美學內涵"更應由上述這些理論切入,作一統整性的綜合論述,以確立其哲學化的"美學內涵"。

哲學美學爲一由哲學層次對"美學內涵"探究的完整體系的學問,從古至今,令人永懷不朽的美學理論,多是哲學思辨的結果。哲學美學是一種高度抽象又精深準確的理論形式,它具備理性、情感、知性與永恆,哲學美學自身極富思辨之特性,盈滿美的感性、思維、意識與魅力。人們始終對之不斷追尋、探索,細細品味著其中的生命本質內涵的渾厚,它就像藝術作品一般,可以永久存活於人們的思想之中。哲學因美學而感性,美學因哲學而永恆。若只在美學的表層下功夫,未透過哲學觸及深入的根源探索,則美學的研究將變得粗鄙乏善。哲學美學是探索美學的重要基石,是美學研究不可廢忘之關鍵。學者指出,「沒有哲學,如何在總體上去把握和了解世界和自己,去尋索和表達對人生的探求和態度呢?任何心理學和社會學的科學研究替代不了美的哲學思辨」[1],「美學,作爲哲學的一個部門,它所研究的對象主要是藝術中的哲學問題」[2]。中國武術將"道"哲學深化於整個武術文化之中,,因此,對於武術技能藝術的"美學內涵"而言,

---

[1] 李澤厚,《美學四講》(廣西師範大學出版社,2001)。
[2] 朱志榮,《中國藝術哲學》(東北師範大學出版社,青年美學博士文庫,1998),出版者言。

不透過哲學的高度的研究，恐容易趨向於外在層次的美學分析而無法
透析武術美學的核心層次，更無法解析中國武術這一"身體心靈
化"、"心靈身體化"的"美學內涵"。為能將此深化於武術文化之
中的"道"思想加以解析，首先應對"道"思想的重要學說加以探
索，包括了"陰陽變易"與"老莊哲學"；再以與"道"之本質涵義
具有高度相似性的學說相互論證，求得其共通之處，以擴大並深化其
本質內涵的範域，例如佛教中觀哲學的"空性"；並在上述這些論證
的同時，以現象學"純粹意識"的論點貫穿於整個論文的章節之中。
因此本文由哲學的層次，包括"現象學"、"陰陽變易"、"老莊哲
學"、"中觀哲學"等，針對中國武術這一"身心文化"與"人體技
能藝術"的"美學內涵"進行研究，尤其是針對武術核心層的本質內
涵的探究為主要重點，對武術技能藝術的"美學內涵"採取深化的解
析，這必須由哲學的高度切入，武術美學的探究是不可脫離中國傳統
哲學的思維，更需要西方哲學方法上的運用，所以本文認定中國武術
美學是一豐富的"哲學美學[1]"。

二、"身體心靈化"、"心靈身體化"的"審美"

中國武術的真實本質蘊涵著中國傳統哲學之"陰陽變易"，這是
中國傳統"道"哲學的核心，中國武術與"道"交織深化後的血脈關
係造就了中國武術"身體心靈化"、"心靈身體化"的獨特思想與內
涵，這是"內觀"與"外練"結合的思想。"身體心靈化" 是由外而
內的轉化，由身而心的轉化過程，意指"人"的"心靈"是無時無刻
地受著身體的種種表現而引動著，中國武術中許多的養生術或導引術

---

[1]從哲學的角度、高度對美和藝術的探討或審美的活動，從哲學的層次提煉出有關審
　美或藝術的根源性、本質性的觀點。

就有著這樣的功能,或宗教的靜坐也是相同的例子;"**心靈身體化**"則是由內而外的轉化,由心而身的轉化過程,意謂著"人"的身體表現實質是受主體內在深層意識的引動,心靈層次的昇華將由內而外地引動身體表現的改變,這內在深層意識可謂之"心靈",筆者認為現象學的"純粹意識"與此有極高的相似性,在後續章節中將進一步論述 "道"的影響造成了中國武術這種"身體心靈化"、"心靈身體化"的現象,中國武術運用了"道"的理論,也深化於"道"的"渾沌性"或"純粹性"中。因此,我們必須認真地探究中國傳統"道"哲學,它起源於中國偉大的哲學家"老子":

《老子》道生一,一生二,二生三,三生萬物(四十二章)[1]。

"道"彰顯了"陰陽變易"的法則。「 "道"是一種自然規律,老子哲學透過對自然規律的揭示,彰顯"道"的本質。老子講"道"是為了明德,"道"的基本含義是"自然","德"的基本含義是"無為";"道"是德之本體,德是"道"之運用,法自然是無為的哲學基礎」[2]。關於自然規律的本質現象,莊子云:

天地有大美而不言,四時有明法而不議,萬物有成理而不說[3]。

這即是說明"美"是無言的,就如同"道"不可言一般,因此,對於"美"的真實掌握,就必須由"道"的實質內涵切入,採取一種直觀無礙的"審美",自然的、自由的、自主的對於事物進行"審美"。老莊的"美學內涵"是建立在心靈層次的自由解放,以"純粹意識"的"身體知覺"為本質而不受任何欲望或知識的影響,在人性的角度上促使心境致極的自由,愈自由就愈能享受"審美"的感知、

---

[1] 余培林,《老子》(台北:時報文化出版,1987)。
[2] 李振綱,〈自然之德性與無為之智慧—老子哲學的本體與方法〉,《河北大學哲學系哲學研究》7 期(2002),第 47-52 頁。
[3] 《莊子》(智揚出版社,1993),第 341 頁。

意象與判斷。心境的自由透過身體動作符合自然規律的種種表現，進而獲致"身體"健全而"心境"自由的情形，這就是"**心靈身體化**"的現象，也就是"心靈"被"身體"表現所"轉化"了；反之，當主體能對大自然之"道"的規律現象與實質義涵有所領悟時，對於"審美"活動的"感知、意象、判斷"則能有"妙悟"般地"身心"自在自得的愉悅之體驗，由"心靈"的種種"美"的體驗，而由內而外地引領著"身體"配合"心靈"的感動而運動，也就是"身體"被"心靈"的"美"的體驗而"轉化"了，這是"**身體心靈化**"。中國武術的"美學內涵"就在這"身體心靈化"、"心靈身體化"的"二化"互動的過程中不斷地被創造與發展，它存在於"渾沌"的互動關係中，但却"純粹"地相應於一切，這是中國武術"美學內涵"的獨特之處。"身體心靈化"與"心靈身體化"的本質性亦強力的引動著主體的"審美感知"、"審美意象"與"審美判斷"，因此，這就連動於中國武術的哲學美學體系的"本質範疇"。"身體心靈化"與"心靈身體化"是體現於"人"的"身體－主體[1]"中的，中國武術哲學美學的"核心、要素、特徵"這一體系就在於"身體－主體"的概念下被建構的。

三、中國武術哲學美學體系的定位與建構

　　中國武術有其獨特的文化傳統、思想內涵、實用價值，它不僅是一種運動，更是一種"人體技能藝術"與"審美"。中國武術在攻防意識較弱的當代思維下，已漸漸將攻防意識的呈現，轉化為一種"審

---

[1] "身體－主體"，代表主體透過身體知覺克服自我和世界、身體和精神或種種存在認知之間的二元對立的思維，進而在"本質範疇"的"渾沌性"與"純粹性"上獲得主客統一的直觀思維，也可說是"身體心靈化"、"心靈身體化"二者的極致呈現。

美的、藝術的、養身的"思維，其中均蘊涵著豐富的"道"哲學意涵，體現著中國傳統哲學之"陰陽虛實"的概念，中國武術是在"本質範疇"之"渾沌性"與"純粹性"中涵藏著"美學內涵"與哲學思維的"人體技能藝術"。中國武術所重視之"陰陽調合、意形合一、節奏分明、剛柔並濟、開合起落、氣韻轉化"等特點，都昇華成為一種獨特"審美"概念，這一獨特系列的"審美"概念建構了中國武術的藝術基因與哲學美學的體系。目前中國武術在哲學美學的研究上並不多，且較集中於"美學特徵"的研究，對於根源性或本質性之研究則較少。而哲學美學的"核心"與"要素"屬於更高層次或更深化的哲學思辨範疇，包含了"本質範疇"的"渾沌性"與"純粹性"的探索，哲學美學的理論形式可以正確地究解中國武術的哲學美學"核心"與"要素"，進而在此基礎上推論其不異化於"本質範疇"的"美學特徵"。因此，哲學美學"核心"與"要素"的分析與建構是一重要且關鍵的基礎建設，有必要在進行中國武術之哲學美學研究時，不僅僅探討其哲學"美學特徵"，對於哲學美學"核心"與"要素"應進行有系統的分析與建構，期建設較完整之中國武術哲學美學體系。這樣的研究工作，必須從"人"的"身體－主體"的"知覺"著手，中國武術的"美學內涵"是一動態的"審美感知"、"審美意象"與"審美判斷"的感性過程，而非靜態的理性的"審美"呈現，它是一種動態的"審美"呈現，是由表現者自然自主地運作"審美感知"、"審美意象"與"審美判斷"而在"本質範疇"之"渾沌性"與"純粹性"上表現主體與武術之"融合性"與"超越性"，這是"道"在中國武術的極致呈現。而"陰陽變易"的種種關係則構成了中國武術哲學美學的"審美關係"，這一"審美關係"引動著中國武術"美學內涵"的種種"身體心靈化"與"心靈身體化"的呈現。

　　梅洛龐蒂曾舉例說明：「馬蒂斯所畫的女人，並不直接就是女人，而是呈現為女人」[1]。中國武術的"審美感知"、"審美意象"與"審美判斷"也是如此的現象，不應只以單純的感官視覺去進行"審美"，而應以"身體－主體"的"本質範疇"的"渾沌性"與"純粹性"為基底，將中國武技能表現作為"審美"活動的架構，而以"身體－主體"和"身體心靈化"與"心靈身體化"的主動性與被動性作為核心來進行"審美"活動，以進一步地領悟其深化於中國武術文化中的"道"。這一"身體－主體"是哲學化的"審美"，如文獻指出，「美學既然作為一門獨立的人文學科，它本質上還是哲學的，它畢竟帶有根本的思辨特性」[2]。

　　中國武術受傳統哲學的引動與發展，其"美學內涵"必蘊涵高度的哲學思想，"本質範疇"上盈滿著中國傳統"道"哲學的血脈，"道"哲學自然的、必然的建構了中國武術的哲學美學基因，如此本質性的血脈存在，具備了特殊之"渾沌性"與"純粹性"的核心，"渾沌性"意指於主客二端存在却不明的互動關係；"純粹性"意指這一變動的互動關係是如實如在的存在著，而不可能也不會被改變的"純粹性"。"身體心靈化"、"心靈身體化"也就在此"渾沌性"與"純粹性"的"本質範疇"上不斷地"轉化"與"被轉化"。因此，我們有必要透過現象學獨特的"還原"或"懸置"方法加以探究檢視，將"陰陽變易"、"老莊道哲學"、"中觀哲學"作為對象進行一系列的哲學解析，以分析出其中"本質範疇"的"渾沌性"與"純粹性"核心要素。逼顯出主體與客體的最根源的本質性，"本質

<hr>

[1] Merleau-Ponty, Maurice,（1993）. *The Merleau-Ponty Aesthetics Reader,* ed. by Galen A. Johnson, Evanston, Northwestern University Press.P.144。

[2] 朱志榮，《中國藝術哲學》（東北師範大學出版社，青年美學博士文庫，1998），第5頁。

範疇"就意指這最根源的本質性所引動的範圍區域,以及上述這"本質範疇"對中國武術"美學內涵"的引動與發生的種種現象。

四、現象學解析的價值

蔡美麗指出:「胡塞爾認為現象科學家對自然現象進行理念化工作,意即如上面所說的,自然科學家用抽象的辯證法,把異質的,個別的自然現象中,變換不止的特性剝除掉,只保留不變的通性,例如同質異量的原子群—實際上是把具體的自然現象原本豐多,靈動的特性摘除的工作,把複雜的現象,化約為簡單的元素行為。現象學的描述法,絕不對研究對象進行這種將非本質性的特質減除行為」[1]。現象學是一種探究對象本質與先驗意識的哲學方法,使用"回到事物本身"的現象學方法進行分析,關於主體的"審美知覺"或"審美感知"就必須使用此"回到事物本身"的現象學方法。學者指出,「現象學哲學對二十世紀產生了巨大而深刻的影響,影響不只限於哲學領域,還波及到社會學、心理學、美學、藝術等各領域[2]。現象學要做的事不是要認識現成的現象,而是要研究如何讓無論是什麼的認識對象出現在當前,要"現象出來",成為我們感性的眼睛或智慧的眼睛的對象。這就是現象學的"事情本身",而這個"事情本身"也是胡塞爾一建立現象學就提出來的口號。現象學的事情本身是要把各種不同的對象在我們當前"現象出來"這回事的基本架構把握清楚」[3]。胡塞爾說:「在生活與科學之中,自然思維不受關於認識的可能性這個問

[1] 蔡美麗,《胡塞爾》(台北:東大出版,1980),第58頁。
[2] 張永清,〈胡塞爾的現象學美學思想簡論〉,《外國文學研究》1期(2001),第12-17頁。
[3] 熊 偉,《現象學與海德格》(台北:遠流出版公司,1994),第1頁。

題的干擾。哲學的思維取決於一個關注認識可能性的問題的態度」[1]，因此，現象學的方法就是一種對認識的批判的學問，我們可以透過此種批判認識的"還原"方法對"陰陽變易"、"老莊哲學"、"中觀哲學"等進行一連串的批判解析，進而"還原"出中國武術"美學內涵"的"本質範疇"。筆者認為，中國武術是一種綜合時間性與空間性的"人體技能藝術"，它既有養身的實用價值，亦有哲學美學的藝術價值，它是一種通過"身心一致"，"互為轉化"的表現藝術。其哲學美學之藝術基因築基於中國傳統"道"哲學的血脈上，其"本質範疇"之"渾沌性"與"純粹性"的存在，正可以透過現象學的"本質還原"與"先驗還原"來深入探觸的。這一"本質範疇"的"渾沌性"與"純粹性"引動自我直觀地觀察與認識。胡塞爾說：「只有當自我去觀察認識，並且只有在認識活動在直觀中把它真正的自己給予我，我才能洞察認識的本質」[2]。

　　「對武術進行美學研究應以中國本民族傳統美學為主，同時，理性地選擇、消化、吸收西方美學的理論」[3]。中國武術的美學研究，理應結合東西方的美學理論綜合論述，以期研究結果符合現代文化融合的風潮。然而，中國武術源於中國，故應對中國傳統哲學美學做深刻的切入，再輔以當代西方的思維觀念，歸結出中國武術的美學特徵。為解析中國傳統哲學與中國武術的密切關聯，本文試圖由中國傳統之"陰陽變易"、"老莊哲學"、"中觀哲學"入手並結合應用現象學方法，歸根究底地分析中國武術哲學美學"核心、要素與特徵"。透

---

[1]Edmund, Husserl, （1980）. *The Idea of Phenomenology*, trans. By William P. Alston and George Nakhnikian, Dordrecht: Martinus Nijhoff publishers Press. p1.

[2]Edmund, Husserl, （1980）. *The Idea of Phenomenology*, trans. By William P. Alston and George Nakhnikian, Dordrecht: Martinus Nijhoff publishers Press. P36.

[3]曾天雪、王　飛，〈20世紀武術美學研究反思〉，《武漢體育學院學報》36卷3期（2002），第44-46頁。

過現象學的"還原"方法，透析被"道"所深化的中國武術"美學內涵"之"本質範疇"的"渾沌性"與"純粹性"，進而證實並推衍出其哲學美學"核心、要素與特徵"，才不致被外在表象所迷惑，這是"身體心靈化"、"心靈身體化"的探索過程，不同於一般由外在表象探究的方法。因此，本文透過現象學方法所推究之中國武術的哲學美學"核心、要素與特徵"，都是築基於中國武術"道"之"美學內涵"的真實本質上，這就是現象學所謂的"回到事物本身"。就中國武術而言，武術技能透過"身體－主體"的概念得以呈現"身體心靈化"、"心靈身體化"的獨特"審美"活動，而"道"亦得透過"身體－主體"得以被領悟，因此"身體－主體"的內涵亦是中國武術"美學內涵"得以被解析的關鍵。

　　梅洛龐蒂云：「知覺是一切行為得以開展的基礎，是我們行為前提」[1]。在審美過程中，知覺所扮演的作用是不同於一般知覺的，它擁有更高級的感性與理性思維的綜合，中國武術的"美學內涵"，當然地受著"身體－主體"的"審美感知"的主導，因此，即使中國武術哲學化的"美學內涵"包含著中國傳統的哲學思想，它也脫離不了此"身體－主體"獨具之"審美知覺"或"審美感知"的作用，這一"身體－主體"的"審美感知"是在"本質範疇"上必然地存在與發生的，它雖不明却作用著；它雖變動却常存著。因此，本研究以"現象學"理論為縱軸，貫穿於全文各章節中；以中國傳統"陰陽變易"、"老莊哲學"及佛教"中觀哲學"之理論為橫軸探究其中國武術哲學美學"本質範疇"的"渾沌性"與"純粹性"並進行其思維解構，然後再依其內容所衍生的種種主客體之互動關係進行"審美"的

---

[1] Merleau-Ponty, Maurice, （1962）. *phenomenology of Perception*, trans. By Colin Smith, New Jersey Press preface x- xi。

建構分析。這樣地解構與建構的過程，是一種哲學思辨的過程，由哲學思辨的過程進行關於中國武術的哲學美學研究是必要且不可偏廢的，以避免忽視了主體與對象的本質而流於種種外在現象的敘述，因此，對於主客體之“本質範疇”的研究結果，其影響是基礎的、核心的、本質的、深遠的。胡塞爾指出：「本質分析是原初根據的普遍分析，本質（essential）的認識是基於本質、本質的自然與對一般對象的直接認識」[1]，對中國武術“本質範疇”的認識與探究，才能真實由“身體－主體”的“審美知覺”或“審美感知”提煉出“美學內涵”，此方能透視其受“道”之影響的中國武術“美學內涵”。學者指出，「從哲學角度對美和藝術的探討，在二十世紀以前，基本上是西方美學的主幹。在美學史上占最爲顯赫地位，常常是哲學家。美學史上最爲重要的理論也常常是從哲學角度提出的。從哲學上提出了有關美或藝術的某種根本觀點，從而支配、影響了整個美學領域的各個問題，使人們得到了嶄新的啓發或觀念」[2]。對於中國武術作爲一種“人體技能藝術”，筆者認爲實有必要經由哲學的、藝術的及美學的相關文獻的收集、推理論證其哲學美學的“核心、要素與特徵”。因此，本文選擇結合中國傳統之“陰陽變易”、“老莊哲學”與佛教“中觀哲學”，並通過西方現象學方法，對主客體之“本質範疇”的“渾沌性”與“純粹性”進行系統的、科學的、哲學的提煉、解析、還原其“核心、要素、特徵”。

---

[1] Edmund, Husserl, （1980）. *The Idea of Phenomenology*, trans. By William P. Alston and George Nakhnikian, Dordrecht: Martinus Nijhoff publishers Press.
[2] 李澤厚，《美學四講》（廣西師範大學出版社，2001），第 19 頁。

第二節　研究範圍與研究假設

一、研究範圍

　　透過相關的文獻解讀，研究者發現中國武術的“美學內涵”是高度哲學化的結果，並且深受傳統哲學—“道”與其衍生之“陰陽變易”的影響與引動，而“道”是極致深化的哲學思想，它在於呈現主體或對象的“本質範疇”。“道”所涉及的“本質範疇”具備了“渾沌性”與“純粹性”，這與佛教中觀哲學之“空性”有著極大的相似性，同時“道”的“本質範疇”與現象學所涉及之“本質還原”與“先驗還原”的“純粹意識”亦有著極高的相似程度。有鑑於此，本文設訂以東西方理論的交互論證來分析，以現象學爲貫穿全部論文的縱軸，透過“陰陽變易”、“老莊道哲學”與“中觀哲學”分列於不同章節，對中國武術“美學內涵”的“本質範疇”進行解析，最後建構中國武術哲學美學“核心、要素、特徵”的體系。

二、研究假設

本研究之假設如下；

（一）“身體—主體”的“存在之性[1]”構成了主體的“知覺現象場”，它蘊藏著“曖昧性”、“渾沌性”與“純粹性”，因此，主體的“審美感知”是“**超越的主體性**”的呈現。

（二）“陰陽變易”的“對立、衍生、融合”等關係構成了中國武術“本質範疇”上直觀的“審美關係”。在這直觀的“審美關係”中，蘊涵著屬於中國武術“本質範疇”之美。

---

[1] “存在之性”，它是作爲主體的—“人”的“身體知覺”與先驗的“純粹意識”的直觀，其二者之互動關係的本質範疇。

（三）中國武術透過"道"確立了自然的、有無的、益損、反動、心齋與坐忘的"審美意象"，這是"和諧氣化"與"超越主體"的"審美意象"。"審美意象"是由主體最根源的"存在之性"的純粹的"審美感知"而產生的，它如"道"一樣蘊涵著"身體心靈化"與"心靈身體化"的內涵。

（四）"身體－主體"由中觀哲學"空性"的"融合性"與"超越性"的體悟，昇華了中國武術"融合的拳禪藝之美"與"超越的活動義之美"的"美學內涵"。因此，"身體－主體"由中觀哲學"空性"的體悟，就形成了不受經驗意識羈絆的"審美判斷"，這"審美判斷"如現象學之"回到事物本身"。

（五）中國武術哲學美學體系的建構包含了下列幾點：

　1、中國武術哲學美學的核心是"先驗的融合性"－"人"與"武術"。

　2、中國武術哲學美學的要素是"先驗的存在性"－"直覺觀念、想像體驗、超感反應、妙悟回饋"。

　3、中國武術哲學美學的特徵是"本質的直觀性"－"虛實、意形、節奏、剛柔"。

第三節　研究方法與研究限制

一、研究方法

本研究爲“質性研究”，以“文獻研究法”爲主。本研究以“現象學”爲縱軸，以中國傳統哲學之“陰陽變易”、“老莊道哲學”及佛學之“中觀哲學”爲橫軸，探究中國武術蘊涵豐富哲學思想的美學內涵。本研究將蒐集中國傳統之陰陽變易哲學、現象學與哲學美學相關之著作、論文、期刊文獻等，依據蒐集之資料作分析、歸納。

由於哲學美學的論點分岐不易整合，而中國武術又具備濃厚的中國文化色彩，且受其“中國傳統哲學”觀念的影響極深，本研究將不針對各種美學學說進行比較或評斷。關於“哲學美學”的探究，本文先探討現象學的理論與方法，了解其“本質直觀”、“先驗主觀”與“審美感知”等範疇；再從現象學角度分析“陰陽變易”的種種關係，包括“對立”、“衍生”、“融合”等關係進行關於武術技能藝術之表現“審美關係”的分析與探討；再以老莊“道”哲學爲其基礎，由其對大自然的觀察而來的“自然思維”；由對自然法則探索而來的“有無思維”；由陰陽法則推衍而來的“損益思維”、“反之思維”以及莊子的“心齋”與“坐忘”分別探究其“純粹意識[1]”下的“審美意象”；再以佛家之“中觀哲學”的“緣起”與“性空”來究解其“審美判斷”的內涵與本質，究解其武術美學之融合性與超越性

---

[1] 同“純粹自我”的意識。指經過現象學的還原後剩餘下來的那個不可歸約的主體。這是一片絕對、純粹意識的領域。它包含著意向活動和意向對象構成的意向結構。“純粹自我”是對具有這種意向結構的“純粹意識”的統稱。《哲學小辭典》（上海辭書出版社，2002），第 226 頁。

的深層內涵；最後總結前文之探究，歸結出中國武術之哲學美學體系，包括「核心」、「要素」與「特徵」。

二、研究限制

本文在中國武術哲學美學的研究上，以下列範疇爲主：

一、中國武術種類繁多，本文將中國武術視爲一種 "人體技能藝術"，雖然其派別、拳種眾多，但都兼有功法、套路、格鬥三種運動形式，因此，本文將不針對派別、拳種的差異性進行比較分析，而將之視爲一種 "人體技能藝術"。

二、現象學，以胡塞爾現象學理論中之 "先驗主觀" 與 "本質直觀" 爲主要研究範疇與應用之方法，以梅洛龐蒂的 "知覺現象學" 之現象學爲輔進行研究。

三、中國傳統之 "陰陽變易" 哲學，以中國傳統哲學中之陰陽理論及老莊 "道" 哲學爲基本範疇。

四、以佛學之 "中觀哲學" － "緣起性空" 爲範疇進行研究。

第四節　研究目的

本文研究目的在於透過哲學的、藝術的及美學的相關文獻、理論的推理論證，經由 "現象學" 思辨還原的過程針對下列範疇進行系統研究，從中國傳統之 "陰陽變易"、"老莊道哲學" 及佛學之 "中觀哲學"，藉由現象學的理論與方法進行研究，完成下列研究目的：

一、以現象學來解析武術技能表現，證實主體的 "審美感知" 是 "超越的主體性" 的呈現。

二、以"陰陽變易"來解析,證實其"對立、衍生、融合"等關係構成了中國武術"本質範疇"上直觀的"審美關係"。

三、以"老莊道哲學"來解析武術技能表現,證實主體之"和諧氣化"與"超越主體"的"審美意象"。

四、由"中觀哲學"的探究,證實"空性"的"融合性"與"超越性"可以昇華武術之"融合的拳禪藝之美"與"超越的活動義之美"的"美學內涵"。

五、建構中國武術之哲學美學體系,包括"先驗的融合性─核心"、"先驗的存在性─要素"、"本質的直觀性─特徵"等。

第五節 名詞解釋

一、中國武術

(一)根據康戈武的定義[1]:武術是以中國傳統文化為理論基礎,以徒手和器械的攻防動作為主要的鍛鍊內容,兼有功法運動、套路運動、格鬥運動三種運動形式的體育項目。

(二)中國武術是一種鍛鍊身心,發掘潛能,養生養氣,自衛衛人,可以強種強國,救身救世的學術與技術[2]。

(三)武術與其他體育項目的共性,是它們都以身體運動為特徵,都有著強健體魄的共同價值。武術區別於體壇其他個體的個性,首先表現為武術兼有功法、套路、格鬥三種運動形式,其動作素材具有功防屬性。武術的三種運動形式所體現的這些特徵,

---

[1]康戈武,《中國武術實用大全》(五洲出版社,2000),第2頁。
[2]雷嘯天,〈中國武術之探源與闡微〉,《中國武術史料集刊》5集(1980),第168-187頁。

是其他體育運動項目所不具備的。例如，拳擊、摔跤和擊劍是格鬥形式的運動項目，但它們沒有套路運動形式。競技體操和韻律體操是套路形式的運動，但它們沒有格鬥形式的運動，動作素材也不必具備攻防屬性。武術區別於外國體育項目的又一個性，是武術以中國傳統文化爲理論基礎。武術不僅自然地受到中國傳統文化的環境性影響，還在於武術家自覺地運用中國傳統文化規範拳技，闡述拳理，乃至文武合一，交融一體。由於武術以中國傳統文化爲理論基礎，其技術和技法都受到中國傳統文化的嚴格規範，促成了武術與西方體育既相通、又有異的運動特徵。總之，武術與其他體育項目相較而突出的共性和個性，反映了武術的本質屬性。它們也正是武術的定義包含的種屬（共性）與種差（個性）[1]。

二、哲學美學

（一）哲學美學意指：從哲學的角度對美和藝術的探討。這種美學經常只是作爲某種哲學思想或體系的一個部份或方面，從哲學上提出了有關美或藝術的某種根本觀點，從而支配、影響了整個美學領域的各個問題，使人們得到嶄新的啓發或觀念[2]。其哲學美學與其他領域美學的關係如圖（一）和圖（二）所示。

[1]康戈武，《中國武術實用大全》（五洲出版社，2000），第 3-4 頁。
[2]李澤厚，《美學四講》（廣西師範大學出版社，2001），第 15-19 頁。

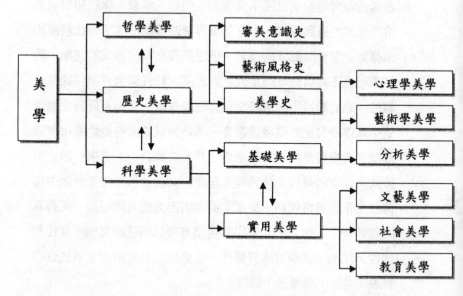

圖（一）哲學美學和其他領域美學關係圖一（引自李澤厚，
　　2001）

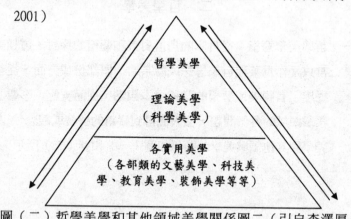

圖（二）哲學美學和其他領域美學關係圖二（引自李澤厚，
　　2001）

（二）李澤厚（2001）指出，哲學、美學不應也不會定於一尊，從
　　而，可以也應該有從各種不同的角度、層次、途徑、方法出發

和行進的美學，有各種不同的美學。這不僅是理論的不同，而且也是類型、形態的不同。形態、類型的不同和理論的不同有關係，但它們不是一回事，同一類型或形態的美學，仍有根本理論的不同[1]。

（三）美學，研究人對現實的審美關係和審美意識，美的創造、發展，美育及其規律的科學[2]。所謂美學，大部分一直是美的哲學、審美心理學和藝術社會學三者的某種形式的結合[3]。美學並不是藝術批評，也非對"美"下定義之學，而是人根據自然而果成為人屬創生者之一種可能與力量之學[4]。

（四）哲學本身的最高世界，是一廣大、深遠、細膩而果有所達之物[5]。真正的哲學是人活在哲學世界裡面而有的思考成果，而不是經過學習或知識鍛鍊的思考中，而談論的哲學[6]。真正的美學，就是創造。創造可以是各式各樣，或各種門類之文明之創造，但它最終之意義或指向，卻只在於生命本身，無論如何哲學是極其深刻而細膩的學術，假如它缺乏表達的方法，或不以方法去追索，那就進不了哲學之堂奧[7]。

三、陰陽

（一）陰陽，最初指日光的向背，向日為陽，向背為陰。後來引申為氣侯的寒暖。中國古代思想家看到一切現象都有正反兩反面，

---

[1] 李澤厚，《美學四講》（廣西師範大學出版社，2001），第 15 頁。
[2] 《哲學小辭典》（上海辭書出版社，2002），第 302 頁。
[3] 李澤厚，《美學四講》（廣西師範大學出版社，2001），第 13 頁。
[4] 史作檉，《哲學美學與生命刻痕》（台北：書鄉出版社，1993）。
[5] 史作檉，《九卷》（台北：人本自然出版社，2002）。
[6] 史作檉，《哲學美學與生命刻痕》（台北：書鄉出版社，1993）。
[7] 史作檉，《九卷》（台北：人本自然出版社，2002）。

就用陰陽這個概念來解釋自然界兩種對立和相互消長的氣或物質勢力《易傳》作者提出，"一陰一陽"之謂"道"的學說，把陰陽交替看做宇宙的根本規律，並用陰陽來比附社會現象，引申上下、君民、君臣、夫妻等關係[1]。

（二）有關解釋"陰陽變易"的理論學說，例如《周易》、《易經》、《太極圖說》等。應用二元對立的眾多現象，來詮釋宇宙人生的根源及變化。陰陽學說是一套認識世界的邏輯觀，陰陽本身非物質、非能量，它是一套豐富的哲學理論，用以解釋各項事物。逐漸地發展成一個思想體系，在不同的範疇中被廣泛應用。陰陽："一陰一陽"之謂"道"[2]。五行，一陰陽也；陰陽，一太極也[3]。《老子》萬物負陰而抱陽（四十二章）[4]。說明陰陽是兩種對立而統一的物質或狀態，它們相互交替作用是宇宙的根本規律（道）。拳家認為武術亦合此理，一陰一陽謂之拳《陳鑫》。拳家強調以陰陽互根、陰陽消長、陰陽轉化作為武術技法的基本原理，以此來解釋和規範拳技理法[5]。

四、"道"哲學

（一）"道"是自然的、無為無不為的、是芸芸眾物的規律，是眾因緣合和的假名。老子是首位提出"道"之概念的哲學家，"道"的產生含有取代宗教上之"天"或"帝"之概念，用以

---

[1]《哲學小辭典》（上海辭書出版社，2002），第 88-89 頁。
[2]《易　　經》（老古文化事業有限公司，1994）。
[3]陳克明，《周敦頤集》（北京：中華書局，1990）。
[4]余培林，《老子》（台北：時報文化出版，1987）。
[5]康戈武，《中國武術實用大全》（五洲出版社，2000），第 53 頁。

解釋萬事萬物的根據。老子是中國古代的哲學家，道家學派的創始人。他提出"道"的概念，並在此基礎上提出了"遵道而行，無爲而治"的哲學主張[1]。

（二）老子中所提到的"道"，在中國古代就有這個字，老子只是借用這個名稱而已。"道"，從首從行，首代表人，行的本義爲路，這個字的意思就是人行路上，因此一般就把"道"解釋爲道路的意思，這是"道"的本義。"道"也可引申爲人及物所遵從的規律，必恪守的原則等等[2]。

（三）馮友蘭的解釋，此謂各物皆有其所以生之理，而萬物之所以生之總原理，即"道"也[3]。"道"乃萬物所以生之原理，與天地萬物之爲事物者不同。事物可名爲有；"道"非事物，只可謂爲無。然"道"能生天地萬物，故又可稱爲有。故"道"兼有無而言；無言其體，有言其用[4]。

五、中觀哲學

（一）中觀思想緣起於印度的龍樹，其中觀思想是繼承佛陀所發展的究道義理。中觀佛學的主要教義集中在"空"、"中道"、"二諦"、"破邪顯正"，這些學說彼此相關，其目的在於指出諸法皆空[5]。

---

[1] 錢　偉，〈從老子的教育哲學思想看當代主體性教育〉，《廣西師範大學學報研究生專輯》（2002），第 162-164 頁。

[2] 蔡　宏，《般若與老莊》（成都：巴蜀書社，儒釋道博士論文叢書，2001），第 57 頁。

[3] 馮友蘭，《中國哲學史》（華東師範大學出版，2000），第 135 頁。

[4] 馮友蘭，《中國哲學史》（華東師範大學出版，2000）136 頁。

[5] 鄭學禮著、陳錦鴻譯，〈中觀的基本思想〉，《東吳哲學學報》1 卷（1996），第 115-133 頁。

（二）龍樹接受了佛陀的中道思想，並且把它發揚光大，不僅把它運用在生活方式上，而且擴大到一切哲學與宗教論題。他發現，哲學家與宗教家常有一種二元思考的模式，他們傾向把事件描述爲：生或滅、常或斷、一或異、來或去。對中觀而言，這些描述都是極端的看法。他們肯定佛陀的中道思想，破除極端，免於"有"（is）"無"（is not）二見。"中道"躍過了肯定及否定，它是一條摒棄二元思考的路途[1]。

六、現象學

（一）現代西方哲學的學說與流派之一。德國胡塞爾爲創始人。他認爲"現象"是指人的意識中的一切東西，現象學的任務，就是要從"現象"中找出"本質"。他提出"本質還原"和"先驗還原"爲現象學的基本方法，後期尤其強調現象學的先驗主義特性。他的追隨者在觀點上並不完全一致，但都認爲他的現象學是當今最好的哲學概括[2]。

（二）胡塞爾認爲，作爲嚴密科學的現象學是對意識及其本質進行描述的哲學[3]。胡塞爾認爲，現象學就是關於"純粹意識"的學說，意識不是一個實體，不是被動接受材料的容器，而是一種激活對象、構造對象的功能，意識就是意向性關係域；朝向對象是意識最普遍的本質[4]。胡塞爾現象學在觀念上是一種先驗的

---

[1] 鄭學禮著、陳錦鴻譯，〈中觀的基本思想〉，《東吳哲學學報》1卷（1996），第115-133頁。

[2] 《哲學小辭典》（上海辭書出版社，2002），第224頁。

[3] 袁義江、郭延坡，〈論杜夫海納的現象學美學〉，《松遼學刊》4期（1995），第35-40頁。

[4] 張永清，〈胡塞爾的現象學美學思想簡論〉，《外國文學研究》1期（2001），第12-17頁。

唯心主義，他通過對心理主義的批判達到了本質現象學的立場，又通過"先驗還原"獲得了先驗自我，從而走向了先驗現象學。從方法論的角度來看，胡塞爾現象學的貢獻在於提出了一種"本質直觀"或"本質還原"的方法，即通過直觀而不是抽象與推理把握到觀念性的本質存在。最後，胡塞爾現象學的研究對象是意識及其意向性結構[1]。

（三）知覺現象學，法國梅洛龐蒂的哲學學說。認為人的存在是一切存在的基礎，知覺是人的存在的先驗結構，知覺把自我和世界聯結起來，是真正的存在領域。知覺的主體具有身體和精神兩方面，以此為基礎可克服自我和世界、身體和精神之間的二元對立，實現二者的統一[2]。

七、人體技能藝術

（一）技能：掌握並運用專門技術的能力[3]。武術技能兼有功法、套路、格鬥三種運動技能，其動作技能具有功防屬性。武術的三種人體技能所體現的這些特性，有別於其他項目的體育技能。

（二）藝術：對自然物及科學，凡人所製作之一切具有審美價值的事物[4]。主體對武術的表現有著哲學高度的"審美體驗"，形成一種技能藝術的看法。

（三）本文指中國武術。是以人體生理結構為主體的一種活動，為一種運用人體生理結構與心理意象結合的專門技術能力，具備了

---

[1] 蘇宏斌，〈觀念、對象與方法－胡塞爾的現象學思想概觀〉，《浙江社會科學》2期（2000），第113-117頁。
[2] 《哲學小辭典》（上海辭書出版社，2002）。230頁。
[3] 《教育部國語辭典》（台北：教育部國語推行委員會，1998）。
[4] 《教育部國語辭典》（台北：教育部國語推行委員會，1998）。

功法、套路、攻防三種特色，同時具備豐碩的"審美內涵"與
"審美價值"，是一種具備哲學與美學理論的藝術。

八、審美感知

審美心理過程中直覺與認知的統稱。它不同於日常感知，是對事
物審美特性的整體把握，具有更明顯的社會化特點；帶有濃厚的感情
色彩，在精神上產生愉悅感；它要求審美主體專注於審美對象的感性
形式，需要更敏銳的選擇能力、想像能力和感悟能力；是評判美、創
造美的認識基礎。本文將探究在如"道"、如"空性"、如"純粹意
識"之"本質範疇"下的"審美感知"，它不同於一般認定的在經驗
意識下的"審美感知"，它是在"渾沌性"與"純粹性"的自然引動
下產生的。

九、審美關係

人在審美活動中同現實發生的關係。客體的審美特性和主體的審
美需要、審美實踐、審美能力是它形成、發展的主客觀條件。它確立
使客體成為審美的客體，主體成為審美的主體。它是人從審美上把握
世界、改造世界和認識美、創造美的前提，是美學研究的基本問題[1]。
武術自身的本質就蘊涵了"陰陽"的對立關係、衍生關係、融合關
係，這些關係自然必然的就構成了武術技能藝術的"審美關係"。

十、審美意象

人在頭腦中將對象的感性形象同自己的情意狀態相融合而形成的
心象。是"審美感知"的物象同主體審美情意的統一。形成"審美意

---

[1]《哲學小辭典》（上海辭書出版社，2002），第308頁。

象"的心理因素有感知、思維、想像、聯想和情感。藝術家運用一定的物質材料和藝術技巧使自己頭腦中的審美意象物態化，就產生供他人審美的藝術形象[1]。康德是這樣界定"審美意象"的：「我所說的"審美意象"就是由想像力所形成的那種表象。它能夠引起許多思想，然而，却不可能有任何明確的思想，即概念，與之完全相適應。因此，語言不能充分表達它，使之完全令人理解。很明顯，它是和理性觀念相對立的。理性觀念是一種概念，沒有任何的直覺能夠與之相適應」[2]。本文將探究在如"道"、如"空性"、如"純粹意識"之"本質範疇"下的"審美意象"，它不同於一般認定的在經驗意識下的"審美意象"，它是在"渾沌性"與"純粹性"的自然引動下產生的。

十一、審美判斷

根據文獻：人對事物美醜及其形式、程度、價值等所作的鑑別、判斷與評價。以對客體的審美直覺爲出發點，以審美聯想、想像、情感和理性思考爲內在依據，是形象性與概括性、情緒性與理智性、主觀性與客觀社會性的統一。判斷的正訛、深淺受審美觀念、審美趣味、審美能力和特定心境的制約，並直接制約審美取向、審美評價[3]。本文將探究在如"道"、如"空性"、如"純粹意識"之"本質範疇"下的"審美判斷"，它不同於一般認定的在經驗意識下的"審美判斷"，它是在"渾沌性"與"純粹性"的自然引動下產生的。

十二、本質範疇

---

[1] 《哲學小辭典》（上海辭書出版社，2002），第310頁。
[2] 蔣孔陽譯，《判斷力批判》（商務印書館，1980），第113頁。
[3] 《哲學小辭典》（上海辭書出版社，2002），第310頁。

根據文獻："本質"與"現象"相對。"本質"是事物的根本性質，是事物內部相對穩定的聯繫，由事物所具有的特殊矛盾構成。現象是事物的外部聯繫和表面特徵，是本質的外在表現。本質和現象是對立的統一。本質決定現象，總要表現爲一定的現象；現象總是這樣或那樣地體現本質，它的存在和變化總是從屬於本質[1]。"範疇"是反映事物本質和普遍聯繫的基本概念。哲學中"範疇"是反映各門科學共同規律的最普遍、最基本的概念。各種"範疇"之間存在著內在的聯繫。辨證法的諸對立範疇，既互相區別，互相聯繫和轉化[2]。本文所指的"本質範疇"是"道"在中國武術中的體現，是在主體與客體互動關係中所存在的"本質"，它具備了"渾沌性"與"純粹性"，它影響了整個中國武術哲學美學的內涵。

十三、存在之性

本文定義爲"人"不可再去除之"性"，它是"身體心靈化"和"心靈身體化"的最源始的本質範疇。"存在之性"，它是作爲主體的－"人"的"身體知覺"與先驗的"純粹意識"的 直觀，其二者之互動關係的本質範疇。

十四、身體－主體

在本文的定義上，"身體－主體"，代表主體透過身體知覺克服自我和世界、身體和精神或種種存在認知之間的二元對立的思維，進而獲得主客統一的直觀思維。這一直觀思維是發生在"本質範疇"上的，而"本質範疇"則存在於主體與客體二者之變動的互動關係中。

---

[1] 《哲學小辭典》（上海辭書出版社，2002），第47頁。
[2] 《哲學小辭典》（上海辭書出版社，2002），第46頁。

第六節　研究架構

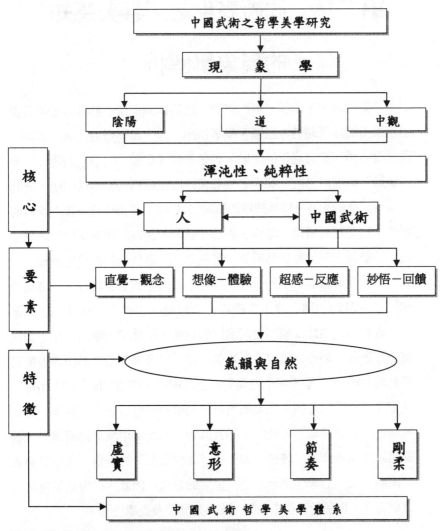

圖（三）中國武術之哲學美學研究架構圖

第二章　武術表現之 "審美感知" 的現象學解析

　　"審美感知" 或稱 "審美體驗" 是整個武術技能藝術的審美過程中作爲主體表現的核心議題。學者指出，「"審美體驗" 屬於審美心理深層結構和動力過程的問題，也是當代美學關注的中心問題。"審美體驗" 的探討是解決藝術之爲藝術的內在結構的根本性問題，同時也是研究藝術的審美特徵問題的關鍵所在」[1]。武術作爲一種人體技能藝術，它不同於繪畫、雕刻、書法等藝術，是在時間與空間的範域中的動態藝術。對於動態藝術的 "審美感知" 是快速且直接的過程，因此，對於武術技能表現的「審美感知」是直觀的審美過程。"審美感知" 是主體的一種心理、生理綜合的經歷，它包含了感受力、想像力、直觀力，由此三種能力創造出的意境，引導了 "審美感知" 的種種感性思維。胡經之指出，「審美主體，是審美創造活動和審美鑑賞活動的基礎」[2]。藝術家們在面對自己的創作、作品或他人的作品時，其審美過程時的心態是完全地將自己給排除在外，進入 "凝神" 的意境進行 "審美感知"，此時，物我兩忘，心意與環境渾合而爲一，這就是現象學所謂的 "純綷意識" 或 "先驗主觀" 的現象。武術更講究 "虛靜" 及 "心齋、坐忘" 之 "道" 的意境，因此，從現象學特殊的還原方法，以解析武術表現的 "審美感知" 及美學內涵。

---

[1] 胡經之，《文藝美學》（北京大學出版社，2003），第 55-56 頁。
[2] 胡經之，《文藝美學》（北京大學出版社，2003），第 63 頁。

　　胡塞爾現象學的理論基礎是在於建構一個方法體系，其目的在於探究事物的本來面目或本質現象，它透過所謂的"歸入括弧"或"還原"的方法，將人們的經驗意識與認知加以排除或懸置，透過最後一種純粹的知覺來接納所面對的事物，完善的"美"的感知就是在這種純粹知覺的狀態下，進行一種高層次的"審美判斷"，它具備了渾沌性、無限性，這與老莊之"虛靜觀"有著相當程度的同源性，如老子云："致虛極，守靜篤"，莊子云："心齋、坐忘"。所有"審美判斷"運動若不能在此純粹知覺或"純粹意識[1]"的前提下，"審美判斷"將會被表層意識之物欲或功利價值所牽引，而導致"審美判斷"的偏差。Herbert Spiegelberg, 提出「在研究物體的顯現方式時，胡塞爾特別注意這樣一個事實，即當知覺對象的"正面"以適當的方式被給予時，其所有的"側面"就只能以透視變形的方式被不適當地給予我們」[2]，對於中國武術技能表現的整體掌握以及避免上述所謂不適當的"側面"的種種意測是極為重要的，在認識的過程中，"身體－主體的知覺與思維是同時起作用的，在種種意測的結果，會導致錯誤的認識或判斷，尤其是以人體為主的認識活動。以人體技能為主的表現，諸如舞蹈、武術、韻律體操與各項運動等，不論其種類為何，都是以人體技能為主體的表現，此種表現包含著心理情感表現與意識情感表現二種，是一種心理反應與想像經驗的表現。人體技能表現是人類必然的、本質的、直觀的表現，是作為人們表達內心感性思維之情感，以身體為主體，以意識想像對象為客體；以人體技能及動作姿勢

---

[1] 同"純粹自我"的意識。指經過現象學的還原後剩餘下來的那個不可歸約的主體。這是一片絕對、純粹意識的領域。它包含著意向活動和意向對象構成的意向結構。"純粹自我"是對具有這種意向結構的"純粹意識"的統稱。《哲學小辭典》（上海辭書出版社，2002），第 226 頁。

[2] Herbert Spiegelberg,（1982）. *The phenomenological Movement*, Hague: Martinus Nijhoff. P116-117.

爲形式，以外存的經驗想像及內藏的先驗想像爲內容，藉由時間與空間交織的虛擬世界，體現出當中的豐富情感。這些情感大部份是經驗想像的或經驗意識的，但其核心根源卻受現象學理論中的"先驗想像"或"先驗意識"所主導。人體技能表現乃爲主體"總體想像"的情感表現，它包含"經驗想像"與"先驗想像"二種性質，"經驗想像"是一般容易且能夠認識的；"先驗想像"則是一種"先驗主觀"的還原結果，它是內藏性且不易察覺的。關於表現中的客體對象，亦是主體意識經驗作用的結果，它與"先驗想像"所要還原的主客體對象不同。對於客體對象在現象學中我們必須以"本質直觀"的方法，將經驗、判斷及思維的外加層面卸解，以還原出客體對象的根源本質，進一步掌握其本質規律，使其表現更真實。中國武術作爲一種獨特的人體技能藝術，其中蘊涵深廣的中國哲學之"天人合一"的重要概念，就客體對象而言，實應透過科學方法還原其本質現象；就表現的主體而言，更需藉由現代科學方法解析中國哲學之"天人合一"、"陰陽合一"的境界。透過現象學的"先驗還原"將主體的經驗意識與判斷思維給"懸置"了，藉以達到主客體合一並進而與大環境完成和諧的、不矛盾的本質現象。不論是由傳統之"道"而領悟之"天人合一"或由現象學的"懸置"後的"純粹意識"領悟的"天人合一"，它們都是"和"的"一"，也就是"和諧"的"一"，而不是二者在存在形式或形體上無差別的"合一"，或說是在本質上或"純粹意識"的"先驗範域"上的"自然"，而形成的相互爲體、相互爲用的"和諧"。武術的本質是藝術性的生命，它受傳統"道"的影響，而"道"有著"直觀性的渾沌"，它與現象學所言之"純粹意識"的"先驗情感性"，有著極相似的本質，由現象學的領域對武術技能藝術的探究，將會有深刻的重要發現與體悟。

「現象學哲學對二十世紀產生了巨大而深刻的影響，影響不只限
於哲學領域，還波及到社會學、心理學、美學、藝術等各領域」[1]。
「現象學要做的事不是要認識現成的現象，而是要研究如何讓無論是
什麼的認識對象出現在當前，要**現象出來**，成為我們感性的眼睛或智
慧的眼睛的對象。這就是現象學的事情本身，而這個“事情本身”也
是胡塞爾一建立現象學就提出來的口號。現象學的事情本身是要把各
種不同的對象在我們當前**現象出來**這回事的基本架構把握清楚」[2]。中
國武術技能表現是一種本質性的身體語言存在、先驗性的純粹自我存
在二者綜合表現的純粹藝術。“**本質直觀**”與“**先驗主觀**”是現象學
的基本範疇。此技能表現作為一門具有強烈原始性語言的與人性根源
本體的存在，若缺乏了對主體內在本質的、先驗的想像內容的探索與
發掘，則易使其表現流於形式上的“身心二分”或“偽裝表現”，而
成為一種傷害身心靈的被迫性表現。因此，在這方面是值得研究的。

第一節　胡塞爾現象學（Phenomenology）

「現象學是在二十世紀一開頭的 1900～1901 年胡塞爾（Edmund
Husserl）發表的《邏輯研究》中被提出來的，至今可說是延綿了一個
世紀的思潮」[3]。文獻指出，「胡塞爾，德國哲學家，現象學創始人。
維也納大學數學博士。曾任歌廷大學、弗賴堡大學教授。主張哲學應
成為一門“嚴格的科學”，為此提出現象還原的方法，包括本質還原
和先驗還原。強調先驗的主體通過先驗的意識活動，“構造”出本
質、真理、存在等等。又提出主體際性（intersubjectivity）和生活世

---

[1] 張永清，〈胡塞爾的現象學美學思想簡論〉，《外國文學研究》1 期（2001），第
　12-17 頁。
[2] 熊　偉，《現象學與海德格》（台北：遠流出版公司，1994）。
[3] 熊　偉，《現象學與海德格》（台北：遠流出版公司，1994）。

界的概念。認爲由主體所構成的真理之所以具有客觀性的意義,是由主體際性所決定的,即由主體與主體之間相交相通相一致所決定的。又認爲通過生活世界可導向先驗還原,進入先驗哲學的心態,並由此克服科學和人性的的危機」[1]。「胡塞爾現象學的總體範疇主要有先驗主觀性、現象與本質、理智直觀(或者本質直觀)、給予、明證性和真理等等,它們構成了胡塞爾現象學體系之網的網上紐結」[2]。「現象學所研究的現象是超驗的、也可說是直覺的,因其所要揭示的,乃純屬意識、純屬經驗的種種結構」[3]。此種意識主要是指主體於對象的意識與主體於主體自身的意識,前者是關於對象的本質直觀,後者是關於主體自身超越意識之先驗主觀,這二者都透過"懸置"或稱"還原"的方法進行現象學分析。也就是針對客體世界與主體自身在意識中的存在,進行"懸置"的現象學還原。海德格爾(M. Heidegger)說:「胡塞爾的現象學還原這樣的用意,將人本來有的自然做法或物理性、物質性的傾向轉至一種有思想性的超越的意識生活」。「這超越的意識生活,用胡塞爾自己的詞彙來說,這便涉及或以它爲基礎的"純粹意識"或"超越意識"的活動,而達致這種意識狀態的方法,則是"超越懸置"」[4]。

「胡塞爾從一開始就把現象學理解爲一種理性的說明,他的思維方式也代表了典型西方理性思維的方式,現象學的意義正是在於澄清

---

[1]《哲學小辭典》(上海辭書出版社,2002),第 539 頁。

[2] 顧志龍,〈胡塞爾現象學總體範疇研究〉,《山東科技大學學報》2 卷 3 期(2000),第 20-23 頁。

[3] 劉畹芳,《「身體-空間」經驗的現象學研究》(南華大學環境與藝術研究所碩士論文,2002)。

[4] 吳汝鈞,〈胡塞爾的現象學方法(中)〉,《鵝湖月刊》26 卷 12 期(2001),第 14-21 頁。

並維護所有現象的固有本質和權利」[1]。「用現象學的存而不論的方
法，將意識流以外的一切排拒出現象學的研探範圍之外，作爲現象學
式濾過而後剩留下來的胡塞爾所謂的"現象學殘餘者"
（Phenomenological Residuum）的意識流，於是成爲現象研探絕對可
靠的出發點」[2]。「現象學應該是實在論還是觀念論？把胡塞爾當作是
中庸的實在論者，也就是說他的現象學既是認識論意義的實在論，並
且這樣的實在論立場又不會跟他本身的超驗觀念論學說相衝突。我們
發現到胡塞爾的現象學從早期發展到晚期中一直連續不斷的一貫性所
在，這樣的一貫性在晚期發生現象學階段中不但可以化解這兩種詮釋
立場的衝突與對立」[3]。「現象學還原可以被視爲一種認識層次的提
升，甚至是認識素質的提升」[4]。武術表現的"審美感知"的現象學解
析，就是對武術技能藝術一種認識素質的提升，或說一種回歸本質的
認識活動，它必是超越性的認識活動。

一、本質直觀

　　「本質還原是在"懸置"的基礎上，通過本質直觀的方法去排除
事實而獲取一般本質的活動。從現象學還原的觀點看，直觀對象的本
質即是還原出對象的本質意義，亦即還原出經驗主體的純粹意識」[5]。
胡塞爾認爲，只有退到直觀而不受經驗與判斷干擾的最初本源，並直

---

[1] 周貴華，〈試論胡塞爾現象學的開放性及意義〉，《襄樊學院學報》22 卷 4 期
　（2001），14-18 頁。
[2] 蔡美麗，《胡塞爾》（台北：東大出版，1980）。
[3] 夏晟珮，《論胡塞爾現象學中的同一性問題》（國立中央大學哲學研究所碩士論
　文，2003）。
[4] 吳汝鈞，〈胡塞爾的現象學方法（中）〉，《鵝湖月刊》26 卷 12 期（2001），第
　14-21 頁。
[5] 陳本益，〈現象學還原方法與文學批評〉，《湖南大學學報》15 卷 4 期（2001），
　第 58-62 頁。

觀逼顯出對本質現象的感悟，主體才能在其概念和經驗中充分體現偉大的哲學現象。我深信，以這種方法，確能直觀地澄清概念與經驗造成的二元對立與矛盾，並在直觀的本質現象上重新提出創造性思維，從而在原則上解決問題與創造價值。陳本益指出，「本質直觀法或本質還原法是胡塞爾創立的獨特的認識方法。它不同於傳統的經驗歸納和演繹推理，也不同於德國古典哲學中的所謂“理智直觀”，後者既不依賴感知也不通過推理而直達絕對真理。這種沒有感性基礎的、感悟性的認識方法，缺乏上述本質直觀法的直接性、明晰性和它所追求的科學精神」[1]。

胡塞爾說：「現象學還原即是，必須對所有超離的東西予以無效的標示。即是說，它們的存在和有效性不能視為存在和有效性自身，充其量只能作為有效性現象而已。這是一種始點運用的真理體系。使認識變成明證的自身給予性，直覺到認識的效能本質」[2]。「一切超離的東西沒有明證性，不在真理體系或範圍中；它們不是自身被給予，沒有認識的功效的本質。通常我們視為實在的外間的東西，都沒有明證性，都是超離性格的。我們要把它們標記出來，不將之視為有本質內藏於其中的現象。進一步，我們要把它們轉化，使之能在具有明證性的超越的現象世界及超越主體面前展現開來，這便是還原」[3]。世界上的任何對象的存在或價值常因外加的經驗及判斷而不具原則性或根源性，因為對象的存在或價值乃依存於主體的意識與經驗，一旦主體的意識與經驗被剝離了，原存的存在概念與價值體系也隨之崩離於對

---

[1] 陳本益，〈現象學還原方法與文學批評〉，《湖南大學學報》15卷4期（2001），第58-62頁。

[2] 吳汝鈞，〈胡塞爾的現象學方法（中）〉，《鵝湖月刊》26卷12期（2001），第14頁。

[3] 吳汝鈞，〈胡塞爾的現象學方法（中）〉，《鵝湖月刊》26卷12期（2001），第14頁。

象，其存在與價值是僵化的虛幻。透過現象學還原，進而逼顯出對象的本質現象，此本質是無法再進行剝離或還原的現象，於是乎，本質必然地被主體真實的掌握了，同時具備了穩定性、融合性與自由性，能歸根於任何主體經驗或先驗的想像。

二、先驗主觀

胡塞爾說，「現象學的先驗還原，如在自然設定中的整個世界一樣，"我"，這個人，也經受排除；留下的是具有其自己本質的純行為體驗，也就是"純粹自我"，沒有任何還原可對其施加影響。通過絕對普遍的"懸置"把心理學"純粹的主體性"還原成為"先驗純粹"的主體性」[1]。「胡塞爾其實更注重後期發展之"先驗現象學"，因為它是偉大哲學的終極目標，所以他更重視現象學中之"先驗主觀"或"先驗還原"。"先驗還原"是在本質還原基礎上的深化和純化。"本質還原"以外在的經驗客體為對象，通過本質直觀而獲得其本質。因為本質是主體所賦予的或建構的，它就是主體的經驗意識，也就代表了經驗自我或者說經驗主體。所以本質還原的結果是還原出經驗自我。"先驗還原"則進一步以經驗自我為對象，通過徹底的"懸置"而還原出純粹的 "先驗的自我"」[2]。"先驗還原"專注於主體意識活動自身，從經驗主體轉向先驗主體。經驗主體，即經驗的自我，它意涵自我的經驗、心理意識、判斷思維等，從這裡無法體現純粹的意識意向活動，無法領悟純粹超越的、自在的、無限制的主體意識；先驗自我，即隱藏於層層經驗之內的主體，它具有純粹的意向性，這是一種"超越懸置"的現象。先驗的還原法主要對象是做為經

---

[1]胡塞爾，《現象學的觀念》（上海：上海譯文出版社，1986）。
[2]陳本益，〈現象學還原方法與文學批評〉，《湖南大學學報》15卷4期（2001），
　第58-62頁。

驗主體,而非外在之客體對象。也就是說,用"懸置"方法超越主體之經驗意識、心理情感、理智思維、邏輯分析、思維判斷等,將自我視爲同外在世界一樣的客體,只剩下一個無法再還原的"純粹意識"或"純粹心靈"。此"純粹意識"或"純粹心靈"乃基於主體最根源的"存在之性[1]",武術是一項人體技能藝術或運動,對於武術的種種"審美感知"或"審美體驗"是基於此人的"存在之性",在這根源的基石上,主體的"審美感知"具備了融合性與超越性,而將人體的技能藝術的存在與人的存在交融於武術的表現上。劉一民曾指出,「唯有肯定人的超越能力,透視運動的超越本質,不囿於某一限定的、不全整的存在方式,時時準備奔向另一合理合情的存在,使"人的存在"和"運動的存在"的交會點,能夠維持常新、生生不息,而納入人生的一部分,經由運動追求人生的整體——知覺到運動的存在、操作,追求身體的健康,學習運動技巧、充實生活內容,提高生活水準,進而建立和諧、愉快的人生——自其存在的某一點,追求真、善、美的人生」[2]。武術包含了功法、套路、格鬥三種運動形式,其內容豐富多彩,且武術形成、發展的歷史脈絡乃基於人的"存在之性"的基礎,故若能以高度的"審美感知"對武術進行一種美學視角、美學觀照、美學內涵的修練,必能真實地在人的"存在之性"的基礎上,發展趨向人生的真、善、美的層次。

三、意向性

「胡塞爾現象學最爲顯著兩個基本觀點是,意向性和回歸事物本身,他認爲作爲永恆的絕對真理的純粹意識具有一種意向性功能,即

---

[1] "存在之性",它是作爲主體的一"人"的"身體知覺"與先驗的"純粹意識"的直觀,其二者之互動關係的本質範疇。

[2] 劉一民,《運動哲學研究》(台北:師大書苑出版,1999),第156頁。

它總是指向它自身以外的東西。現實世界是純粹意識的意向性產物，因而都是現象」[1]。所謂"意向性"（intentionality）就是主體面對客體對象時，其主體意識朝向某一目標的指向性。胡塞爾認爲，「"自我意識"或"純粹意識"具有"意向性，它由三種因素構成：意向性活動主體（自我）、意向性活動、意向性對象（客體）。對象世界並不存在於自我意識之外，世界必然是包容於自我意識之中的；自我意識從各方面朝向（意向）某一對象，某一對象就具有特定的意義，從而成爲該事物」[2]。「意向性理論是貫穿整個現象學運動的核心線索。意向性理論集中反映了現象學爲解決近代思想中的認識論難題、克服近代思想中的二元論傾向所付出的艱苦努力」[3]。張永清指出，「意向行爲和意向對象之間不是傳統的主客體之間的那種第一性與第二性、決定與被決定的單向度關係，而是共生共存、相互決定、相互從屬、相輔相成的關係。具體而言，在現象學的理論視域中，審美對象既非與主體無關的物理物，也非與客體無關的某種單純的心理活動，而是兩者交互作用的關係性產物」[4]。

胡塞爾把「"意向性"的基本結構分爲"意向行爲"與"意向對象"。"意向行爲"決定"意向對象"的存在，沒有"意向行爲"就沒有"意向對象"，"意向對象"是"意向行爲"的"意識關係物"，"意向對象"不在空間中存在，只在意識活動和內在時間中存

---

[1] 袁義江、郭延坡，〈論杜夫海納的現象學美學〉，《松遼學刊》4 期（1995），第 35-40 頁。

[2] 周貴華，〈試論胡塞爾現象學的開放性及意義〉，《襄樊學院學報》22 卷 4 期（2001），14-18 頁。

[3] 蘇宏斌，〈現象學的意向性理論述評－從胡塞爾到梅洛・龐蒂〉，《學術研究》4 期（2002），第 44-48 頁。

[4] 張永清，〈從現象學角度看審美對象的構成〉，《學術月刊》6 期（2001），第 47-54 頁。

在」[1]。後期胡塞爾認爲，「意識活動是由意向作用和意向對象構成的，所謂"意向性"理論就是研究意識如何通過"意向作用"而構成"意向對象"的。所謂"意向對象"並不是與外在的實在對象相對的內在對象，它是在現象學對於"意識體驗"的反思中才出現的」[2]。胡塞爾還把「"意向行爲"的具體作用方式分爲"客體化行爲"和"非客體化行爲"，客體化的意向行爲是最基礎的意識行爲，因爲非客體化的意向行爲沒有自己的質料。客體化的意向行爲又可分爲符號活動、直觀活動以及前兩者的混合三種意向方式」[3]。在武術技能表現上，主體對於自身的武術表現，一般所採取的是一種由外觀已的第三人稱式的觀照，此種意向行爲將自我的表現視爲是另一對象的表現，而無法由內觀內的體驗到自身的內在感知與武術表現之間的關係。若是能由內觀內、由已觀已的審美視角切入，則審美對象是一種自己與武術表現之間的關係，其"意向行爲"與"意向對象"就不在是二元分化的結果，既不是主觀的立場，也不是客觀的立場。張永清說明，「現象學作爲一種特有的哲學方法，爲探究審美對象的構成要素提供了新的理論，它在思維方式上突破了原來的主客截然二分模式，用關係思維代替了實體思維；它不再把審美對象看作一種獨立的、實體性的物質或精神存在，即不再把審美對象看作一種要麼客觀的，要麼主觀的存在；不再在本體論和認識論層面而在存在論和價值論層面探討審美對象的構成；不再把審美對象看作一種實體性的存在，而把它看

---

[1]張永清，〈胡塞爾的現象學美學思想簡論〉，《外國文學研究》1 期（2001），第 12-17 頁。

[2]蘇宏斌，〈觀念、對象與方法－胡塞爾的現象學思想概觀〉，《浙江社會科學》2 期（2000），第 113-117 頁。

[3]張永清，〈胡塞爾的現象學美學思想簡論〉，《外國文學研究》1 期（2001），第 12-17 頁。

作關係性、意向性、情感性的價值存在與意義存在」[1]。武術表現的
"審美感知"由主體直觀的、本質的"純粹意識"形成,將主體與武
術之間的關係存在視爲一種恒處於變化狀態的"審美對象",這是現
象學直觀後的呈現,而"審美感知"所產生的美學內涵則是呈現後的
再現。武術表現的"審美感知"若不能建立在此"純粹意識"或"純
粹心靈"的直觀上,則無法透視主體與對象的恒常變化的存在關係,
也就無法掌握其"意向行爲"的"意向對象"了。

　　根據上述,對於武術表現的"審美感知"我們仍需注意其"審美
對象"被完全的唯心主義化了,因爲建立在主體之"純粹意識"或
"純粹心靈"的"審美感知"是直觀的、本質的呈現,但往往可能因
此而將"審美對象"的存在因素給排除了。所以仍需注意的是,"審
美感知"與"審美對象"之恒變的存在關係。現象學美學的當代巨擘
杜夫海納明確的說明:「如果從"審美知覺"出發,那就會誘使我們
將審美對象從屬於"審美知覺",結果就賦予"審美對象"一種寬泛
的意義:凡是被任何"審美經驗"審美化的客體都是"審美對象"」
[2]。杜夫海納指出,應從藝術作品來確定"審美對象",他說:「藝術
作品必然把我們引到"審美對象"」[3],這種主體意識被藝術作品的引
動,得建立在主體意識不被經驗意識所主導的一種直觀的"純絆狀
態"上。因此,對於武術表現的"審美感知",首先我們得先透過一
系列的"還原",讓自我內觀地感知自我的根源的先驗性,以及真確
的掌握武術表現的本質性。

---

[1] 張永清,〈從現象學角度看審美對象的構成〉,《學術月刊》6期(2001),第47-
54頁。
[2] 杜夫海納,《審美經驗現象學》(北京:文化藝術出版社,韓樹站譯,1996),第6
頁。
[3] 杜夫海納,《審美經驗現象學》(北京:文化藝術出版社,韓樹站譯,1996),第
22頁。

第二節 武術技能表現之"審美感知"的
"本質直觀"還原

　　胡塞爾所謂的"本質直觀"，就是從不斷變動的"意識流"中去掌握它的"本質"或"根源"，它具有根本性、穩定性、隱藏性、融合性與自由性的特質，即所謂的"純粹意識"或"純粹直觀"。人與世界、對象的本質聯係隱藏於外在的經驗意識與判斷思維的背後，必須透過"本質直觀"的方式將之還原並賦予其意義，使之正確無偏見的掌握現象本質，並在主體的意識作用中顯現出意義來。所以現象學的"本質直觀"是對於主體以外的客體對象，在於使客體對象本質如實的體現出來，這是一門「現象還原」的哲學。胡塞爾認爲，人們的偏見來自於"二元分立"的觀念，處理這種偏見，就需要獨特的哲學思維態度與方法，在胡塞爾現象學中此種態度是"本質直觀"，其方法即是"懸置"或"還原"。海德格爾說，「"此在"的本質就在於它的"存在"之中」[1]。因此，真實的本質是深深隱藏在事物本身的存在之中，此存在早已被非安定的、非自由的、非根源的僞裝層層包覆，我們需透過現象學方法將之層層剝離，始得獲見"此在"的本質。中國武術技能表現"此在"的本質透過現象學得以還原出來，"此在"的事物本身的還原，在於逼顯出"此在"的本質與主體對"此在"的諸意識現象，更還原出中國武術的主體意識與對象本質之間聯係的現象與本質。這就必須將客體對象的種種經驗、概念與判斷都加以"懸置"，如此，才能獲取最真實的純粹的本質。胡塞爾認

---

[1]海德格爾，《存在與時間》（北京：三聯書店，1987）。

爲，「對於任何設定我們都可以完全自由地實行這一特殊的"懸置"（括號），即一種判斷的中止」[1]。

就中國武術技能表現而言，"本質直觀"才能將對象本質與環境合一的規律彰顯出來，對象的存在源於主體對外在世界所能感觸感受的一切，透過意識作用於對象，主體意識對象化，對象意義主體化。因此，可以推理主客體是合一而非二分的現象，當主體意識作用於對象時，就如世界如何存在於主體意識之中是一樣的。中國武術技能表現是一種身體動作姿勢在人與自然、人與社會之對立矛盾的歷史發展的必然存在，此種必然存在是人性本質情感於中國武術技能表現的一種形式，而其表現內容在意識想像的層次將本質情感轉化爲一種虛幻的存在，而使其認識進入了二元分立的誤區，給予僞裝性的意義，如陰陽二分、虛實二分等，而無法顯現真實本質的內存涵義。我們必須將此認識加以"懸置"，首先對於外在表現形式的經驗意識與判斷思維需加以"懸置"，次則對於內在的虛幻存在的意識想像將之"懸置"。如此，成就一種真空的、本質的現象學意識，它有其獨特的意識方向性、情感直覺性，亦因此而重新認識其表達的形式、內容與意義。現象學的本質與意義是重新構成了中國武術天人合一、陰陽合一之哲學境界的重要元素，它的本質現象也因此必然的存在並顯現了，主體掌握了對象的本質，它的表現符合於生命的必然性，它如此必然的"存在"與必然顯現本質現象的"此在"，不致令其陷於異化而獨立於世界的僞裝狀態。因此，它的表現獲得了與中國哲學之天人合一或陰陽合一相同的概念或本質。

中國武術是中國傳統身體活動的一環，受到中國傳統哲學的身體觀的影響，要求天人合一、身心合一、主體與客體相通的影響，在傳

---

[1]胡塞爾，《純粹現象學通論》（北京：商務引書館，1996）。

統哲學的沃土上發展出注重身與心、人與自然協調和諧的人體技能藝
術。學者指出，「在理論、價值、觀念層次上，傳統武術以"道與
氣"、"天人合一"及"太極哲理"爲基本理論」[1]。由此可知，中國
武術是講究與大環境融合的一種技能表現，它要求符合於必然的存在
規律。但由於符號化與理智化的發展，易使其受限於符號化或理智化
的身體語言，諸如陰陽、虛實、剛柔、開合等符號化、理智化的語言
或概念，過分重視或強調陰陽、虛實等符號化的語言，導致更嚴重偏
態的二元分化而漸漸失卻了真實的本質存在。這是由於對陰陽、虛實
等客體之經驗意識作用而造成錯誤的判斷。陰陽合一才是它的根源本
質，一但掌握陰陽合一的本質，陰已非陰，陽已非陽，更無所謂虛
實、剛柔的存在，一種真實本質必然如此的存在顯現了，甚致於超越
陰陽合一或天人合一的意向性存在，達到中國哲學"道"的境界。
拳、掌、腿、身法等中國武術技能，是一種綜合時空的純粹本質表
現，其表現不以剛強而剛強，爲虛實而虛實，乃依據時空環境當下的
純粹本質而純粹表現，它具備了純粹性、本質性、融合性、實踐性與
創造性。透過此表現，主體情感意識得到充分體現，武術技能本身也
獲得無限時空的變化性與創造性。"本質直觀"的介入，使得對象的
本質明證的被給予了，避免將中國武術推入一個二元分化或僞裝表現
的境地。正如劉一民指出，「在運動中，人們往往因爲身體的活動或
比賽上相互間的競爭比較，所以常會有"存在意識"出現或"存在問
題"發生。………這種經由運動超越"身心二元"而感到"存在"是
普遍的、真實的，它喚醒參與者拋棄"身心二元"感覺的局促與不
安，盡情地發揮，盡力的表現」[2]。

---

[1] 許光麃，《近代中國武術文化之變遷》（國立臺灣師範大學體育研究所博士論文，
　2002）。

[2] 劉一民，《運動哲學研究》（台北：師大書苑出版，1999），第155頁。

"本質直觀"的還原把主體與武術表現領入了本質性的範域之中，主體才把握了純粹性的"審美知覺"與"審美感知"，也因此而能呈現武術表現之本質特徵。就如杜夫海納所說的：「"審美對象"是作爲被知覺的藝術作品；惟有切當的知覺才能實現對象的審美特質」[1]。"審美對象"與主體"純粹意識"一樣擁有自在自爲的特性，"審美對象"的呈現是無法單獨地依存於客體因素或主體因素，"審美對象"是存在於自身的自在自爲性與主體的感知之關係的，"審美對象"若缺乏了主體的"審美感知"，那它不過是一件不被感知的存在的東西。就武術表現而言，"審美對象"只有在欣賞者與表現者的"純粹意識"的感知中才能成爲"審美對象"，杜夫海納將之稱之"准主體"，"審美對象"的表現性蘊藏於一個恒變性的與主體的互動關係之中，這一關係表現了時間性與空間性的交織作用，「它們使"審美對象"成爲一個能帶有它表現的一個世界的准主體」[2]，「"審美對象"同主體性一樣，是一個特有世界的本原，這個特有世界不能歸結爲客觀世界」[3]。"准主體"這一特有的世界是必須依存於主體的感知之中才得以存在的，所以主體的感知對"審美"而言，是決定性的關鍵，武術表現的"審美感知"應在主體的"純粹意識"或"純粹心靈"上，賦予其自在性與自爲性，如此引領主體進入"審美對象"的本質世界中。"審美對象"的真實呈現，就主體而言需要那些構成

---

[1] 杜夫海納，《審美經驗現象學》（北京：文化藝術出版社，韓樹站譯，1996），第8頁。

[2] 杜夫海納，《審美經驗現象學》（北京：文化藝術出版社，韓樹站譯，1996），第283頁。

[3] 杜夫海納，《審美經驗現象學》（北京：文化藝術出版社，韓樹站譯，1996），第234頁。

要素？張永清指出，「根據現象學原理，大致需要以下三大要素：感性與意義、審美知覺；情感先驗」[1]。

第三節 武術技能表現之"審美感知"的 "先驗主觀"還原

　　胡塞爾認爲，「問題不是世界是否存在，而是世界如何對意識而存在」[2]。"審美感知"是主體的一種原始性的具有意向性的形式，非經驗性格或經驗意識的，它是直觀直覺的"純粹意識"。因此，真確的"審美感知"必須把握住主體先驗性的意向形式，它主導了主體的知覺與想像，武術的美學內涵也就是由主體直觀直觀式的"審美感知"來確立的。杜夫海納指出，「知覺在胡塞爾看來已經是意向性的一種原始形式。只要分析知覺就能最清楚地說明意向性概念所包含的主體與客體的特殊相關性」[3]。中國武術作爲對象被本質直觀地還原而明證性的顯現其真實本質，而作爲主體的意識如何接收"審美對象"或進入"審美對象"的明證性本質中呢？這依存於現象學重要的核心範疇－"先驗主觀"，主體的"先驗主觀"範域中形成的感性知覺對於"審美對象"的意義存在有著極大的作用，它與經驗意識所賦予之"審美對象"的意義是不同的，前者對於"審美對象"的意義，因爲"先驗主觀"的範域而使其具備了"自在自爲"的意義，後者則否，這一"審美對象"的"自在自爲"的意義是完全內化於主體"先驗主

---

[1] 張永清，〈從現象學角度看審美對象的構成〉，《學術月刊》6 期（2001），第 47-54 頁。

[2] 尙黨衛、陳林，〈胡塞爾現象學的人學意蘊〉，《江蘇大學學報》4 卷 4 期（2002），第 5-9 頁。

[3] 杜夫海納，《美學與哲學》（北京：中國社會科學出版社，1985），第 53 頁。

觀"的範域中的。杜夫海納指出,「"審美對象"所特有的意義,其特點就在於它的意義完全內在於感性」[1]。"審美對象"在主體純粹的感性之中有其存在的意義,也因此而構成了"自在自為"的形式並提供給了"審美感知"的美感享受。但這一形式並非一般物體的形式,具有一定的長寬高的空間或時間的形式,它是以一種關係形式存在著,是變動不居的形式,透過主體的"先驗主觀"的範域,它具有了"自在自為"的形式。杜夫海納認為,「形式與其說是對象的形狀,不如說是主體同客體構成的這種體系的形狀,是不倦地在我們身上呈現的並構成主體和客體的這種與"世界之關係"的形狀」[2]。

學者指出,「"先驗主觀性"領域是現象學研究的唯一可能的領域,任何超越這一領域的企圖都會導致非哲學的態度,從而使對"絕對知識"和"絕對存在"的把握成為不可能。所以胡塞爾認為,"先驗主觀性"是"一切謎之謎"、"一切奇觀之奇觀"。"先驗主觀性"因此成為現象學的最重要、最原初的範疇」[3]。"先驗主觀"的還原法主要對象是做為經驗意識的主體,而非外在的客體對象。透過"懸置"方法將主體之經驗意識、心理情感、理智思維、邏輯分析、思維判斷等卸解,將自我視為同外在世界一樣的客體將之"懸置",剔除偽裝的外殼,明證性地還原無法再還原的"純粹主體"、"純粹意識"或"純粹心靈"。胡塞爾說:「要用不加判斷的辦法對它不作任何存在於時間與空間中的斷定,從而使從屬於自然界的所有命題都失去作用」[4]。如此,主體的預設立場、經驗、判斷都失去了,它呈現

---

[1]杜夫海納,《美學與哲學》(北京:中國社會科學出版社,1985),第223頁。
[2]Dufrenne, Mikel,(1973). *The Phenomenology of Aesthetic Experience,* trans. by Edward S. Casey, Northwestern University press. p231。
[3]顧志龍,〈胡塞爾現象學總體範疇研究〉,《山東科技大學學報》2卷3期(2000),第20-23頁。
[4]夏基松,《現代西方哲學教程》(上海:上海人民出版社,1985)。

出與本質直觀後的對象一樣的真空現象，它可自由地進入任何"審美對象"或使任何"審美對象"自由地歸根於"純粹主體"。"審美對象"在本質直觀後已與大環境融合，主體在"先驗主觀"的"懸置"下，又與客體對象融合，此現象即是中國哲學強調的"天人合一"、"陰陽合一"或可稱之為"道"的境界了。"道"在主體的感知中，是由情感與意義並透過想像力而被主體感知，只是對於"道"的真切體驗，必須進入"先驗主觀"的範域中，獲得"純粹意識"的體驗，它是"感性的先驗"或"情感的先驗"，如此不受任何知識或經驗的障礙而"自在自為"的純然體驗，杜夫海納指明，「情感先驗是一個世界能被感覺的條件」[1]；「"審美對象"的世界是按一種情感特質安排的，這種情感特質對它來說就是一種先驗」[2]。此種情感先驗對於武術表現而言是不同於一般藝術作品的，情感先驗的情感性是存在於武術表現者的內在，此內在的情感性是武術自身的特殊情感性與表現者的先驗的情感性互為融合而形成的，這一情感性的融合，便是武術表現之"天人合一"的情感性，它表現出極致的"融合性"與"超越性"。

「透過現象學的反省，發現運動活絡生動的經驗內容，已然包含極動與極靜間的感官存在、苦澀與愉悅間的感性存在、意識與非意識間的感知存在、外控與主控間的人我存在、虛幻與真實間的空間存在、後顧與前瞻間的時間存在等，以及各存在線索兩端間的遊走轉化」[3]。中國武術的活絡生動的經驗內容，是"陰陽合一"而生生不息

---

[1] Dufrenne, Mikel, (1973). *The Phenomenology of Aesthetic Experience,* trans. by Edward S. Casey, Northwestern University press. p437。

[2] Dufrenne, Mikel, (1973). *The Phenomenology of Aesthetic Experience,* trans. by Edward S. Casey, Northwestern University press. p447。

[3] 劉一民，〈運動經驗的現象學考察－透過運動觀照生命本體〉，《臺灣師大體育研究》3期（1997），第83-100頁。

的，並非固執於二端對立的陰與陽的制衡，如此的經驗是透過先驗主觀的還原後的先驗經驗與先驗想像，它代表著一種絕對自由、絕對存在、絕對自發的動顯意識。它就如中國哲學之"道"，其在中國武術的技能表現上，代表著最高上的修煉，是身心靈結合一體的超越主體經驗意識的表現。現象學中的先驗想像或先驗意識是相當不易察覺的，只有不斷地將的意識、經驗、判斷、思維等外加物層層剝落，才能逼顯出不被二元對立所強制的先驗意識，如此，將回歸至主客融合的境地。學者指出，「現象學還原或"懸置"最後歸於絕對意識的呈顯，必逼出存有論義的"超越主體性"，或更恰當地說，"活動義的超越主體性"。超越的經驗或超越主體性是要通過對在於主客對關係中進行的對外物的自然的執著和在時空中表現出來的對世界的經驗的徹底轉化，才能獲致，這便是現象學"還原"」[1]。人們爲了獲取對中國武術哲學美學作出一種完整判斷的"滿足"，而在主體經驗意識的判斷下進行主觀的、客觀的、科學的、哲學的或美學的分析、判斷與詮釋。對於主體的認識本身是被時間、空間與因果關係的經驗與概念所限鑄，是屬於經驗的主體，不具有超越時間和空間的性質。在這樣的前提下，所作出的哲學美學之判斷或定論就易落入經驗判斷的誤區，例如過於執著於"陰陽二分立"的概念，而捨棄了"圓融包涵"的時空張力；亦如人們是無法確知、確立當下的判斷是否符合於中國武術技能表現之現象的整體面向。主體的經驗意識易使客體對象的本質附會非根源性的本質判斷，因此，我們必須將之剝離，使主體性獲得一種超越的、直觀的、先驗的還原。

---

[1] 吳汝鈞，〈胡塞爾的現象學方法（下）〉，《鵝湖月刊》27 卷 1 期（2001），57-64 頁。

第四節　武術美學的內核－"身體知覺"

　　"知覺現象學"，是法國哲學家梅洛龐蒂的現象學學說，「認為人的存在是一切存在的基礎，知覺是人的存在的先驗結構，知覺把自我和世界聯結起來，是真正的存在領域。知覺的主體具有身體和精神兩方面，以此為基礎可克服自我和世界、身體和精神之間的二元對立，實現二者的統一」[1]。實質上這與武術自身蘊涵的美學思想有著極大的同質性，武術的修練哲學要求主體達到與天或自然合一的層次，克服我與自然、我與武術或兵器、我與任何客體對象的二元思維模式，要求習武者，在任何環境下都能與之融合一體，運用當下環境可用的種種素材並與自身的武術技法結合，這更是破除二元對立的思維模式，進而獲致與天、與地、與人結合的武術境地。當然，這必須透過身體與心靈或精神的合一修練，不能偏廢其一而得以成之。文獻指出，「梅洛龐蒂，是法國哲學家，存在主義的主要代表之一。巴黎高等師範學院畢業。曾任里昂大學、巴黎大學、法蘭西學院教授。倡導知覺現象學。認為知覺把自我與世界聯繫起來，是真正存在的領域。知覺的主體具有身體和精神兩個方面，兩者結合即客體與主體的統一。這種統一是把抽象的身體還原為直接經驗的身體。主張歷史只是由於主體的體驗才存在，人具有可以逃避一切必然性的自由，因而否認歷史的客觀規律性」[2]。

　　「梅洛龐蒂的知覺現象學是把胡塞爾的生活世界現象學和海德格爾的存在哲學加以創造性的綜合的結果，梅洛龐蒂的思想貢獻主要包括兩個方面，一方面，他通過把知覺活動的主體確定為肉身化的身體

---

[1] 《哲學小辭典》（上海辭書出版社，2002），第 230 頁。
[2] 《哲學小辭典》（上海辭書出版社，2002），第 522 頁。

一主體，揭示了知覺的“曖昧性”特徵，從而爲克服現象學的思想難題——唯我論問題，提供了一條富有啓發性的思路」[1]。主體知覺的曖昧性是根源性的存在問題，也就是說主體存在的“身體知覺”本質上就具備了“曖昧性”，“曖昧性”就如“道”一般的不是完全的“陽”，也不是完全的“陰”的現象，是一種“渾沌”「我們在知覺活動開始的時候，對於事物既不是完全無知，也不是完全了解的」[2]，正是這種“渾沌”的“曖昧性”，我們才能創造想像、意象、美學或其他種種，這種“渾沌”的“曖昧性”是存在於主體的“身體知覺”與客觀世界互動的關係中，所以這一關係的本質是“曖昧性”的。在梅洛龐蒂看來，「知覺的主體並不是胡塞爾所說的先驗自我或純粹意識，而是肉身化的“身體－主體”（body－subject），而作爲原初經驗的知覺活動也不是先驗自我的構成活動，而是人在世界之中的生存活動，是“身體－主體”與世界之間的相互作用和交流，這樣一種知覺活動不能夠歸結爲胡塞爾那種具有濃厚二元論色彩的意向作用和意向對象的關係，而是具有一“曖昧性”（ambiguity）的特徵。所謂“曖昧性”乃是梅洛龐蒂的核心概念之一，它是指知覺經驗既不是象經驗主義者所說的那種純粹的構成活動，而是介乎於這兩者之間的一種辨證關係」[3]。梅洛龐蒂的“曖昧性”是介於經驗主義與理性主義之間的一種互動的關係，此“曖昧性”根源於主體之身體與心靈的種種“曖昧性”的存在，這也是人的“存在之性”的“曖昧性”。梅洛龐蒂認爲，「知覺既不是純粹的刺激——反應行爲，也不是一種自覺或明確的決定，而是從

---

[1] 蘇宏斌，〈作爲存在哲學的現象學－試論梅洛龐蒂的知覺現象學思想〉，《浙江社會科學》3 期（2001），第 87-92 頁。

[2] 蘇宏斌，〈作爲存在哲學的現象學－試論梅洛龐蒂的知覺現象學思想〉，《浙江社會科學》3 期（2001），第 87-92 頁。

[3] 蘇宏斌，〈作爲存在哲學的現象學－試論梅洛龐蒂的知覺現象學思想〉，《浙江社會科學》3 期（2001），第 87-92 頁。

一定的行為習慣出發的"朦朧"和"曖昧"的活動,這種習慣的形成
在根本上又離不開身體與環境的相互作用」[1]。武術的"道"境界也相
同蘊藏了"朦朧"和"曖昧"的種種活動,它並不明確,不能明確也
不需明確,但是"道"在主體的意識中却具備了"意向性",一種
"朦朧"和"曖昧"的"意向性"活動,是主體意識與客觀世界變動
性的互動的作用,這"朦朧"和"曖昧"的"意向性"亦可謂之
"道"的本質。

梅洛龐蒂認為現象學的最根本議題在於主體的知覺,梅洛龐蒂對
身心的看法是一元的而非二元分立的,他指出,「人不是附在機體上
的一種心理現象,而是有時表現為有形體的、有時投向個人行為的存
在的往復運動」[2];「靈魂和身體結合不是由兩種外在的東西(即客體
和主體)間的一種隨意決定來保證的。靈魂和身體的結合每時每刻在
存在的運動中實現」[3],因此,梅洛龐蒂認為,現象學應「把身體當作
知覺的主體」[4],透過直觀的"曖昧性"知覺以掌握對象的本質,就美
學而言,就是以身體當作審美知覺的主體,"本質直觀"地"曖昧
性"而不受經驗意識的影響來進行"審美感知"。這樣的身體並不是
生理學或解剖學意義上的身體,而是現象學意義的身體,在此意義的
身體上,"本質直觀"的知覺才可能存在,現象學意義的"審美感
知"才能應用在武術這一人體技能藝術上。這一現象學意義的身體,
如梅洛龐蒂所說,「我們移動的不是我們的客觀身體,而是我們現象
的身體,這不是晦澀難明的,因是我們的身體,在朝向需要觸摸的物

---

[1] 蘇宏斌,〈作為存在哲學的現象學—試論梅洛龐蒂的知覺現象學思想〉,《浙江社會科學》3 期(2001),第 87-92 頁。

[2] Merleau-Ponty, Maurice, (1962). *phenomenology of Perception*, p.88。

[3] Merleau-Ponty, Maurice, (1962). *phenomenology of Perception*, p.88-89。

[4] Merleau-Ponty, Maurice, (1962). *phenomenology of Perception*, p.225。

體和感知的物體前，已經作爲世界某區域的能力」[1]。客觀世界是被現象學的身體所感知的，武術以身體作爲技能表現的主體，其自身也是客觀世界的一環。梅洛龐蒂的現象學的身體並不單單是隸屬於人的身體，也是隸屬於客觀世界。因此，現象學的身體與客觀世界是合一的，這也正是中國傳統哲學之天人合一觀的概念。另外，梅洛龐蒂的現象學的身體概念還引動著主體對"時間"的概念，將一般的"現在、過去、未來"的"時間"概念給破除了，引領著破除"時間"概念後，超越"時間"的永恒性，使得在"審美"活動時，不受一般"時間"概念的侷限。梅洛-龐蒂認爲：「只要我們仍然還把"時間"定義爲"現在"的連續，我們就還是什麼也得不到。梅洛-龐蒂也認爲，不能只從人的生理的身體中去尋找"時間"。不過，不能從人的生理結構中去尋找"時間"，也並不是說從人的心理中尋找"時間"就正確。我們對"時間"的真正直接的觸及，我們對"時間"維度之間的相互關係的理解，都是在我們的"存在場"中。在我們的"存在場"中，意向性把我們和過去以及未來聯系在一起。在這裡的"時間"不是一個線形的過程，由一些片段事件所構成的線形連續，不是外部事件或是內部事件的連續，而是一個網路，意向相互重疊的網路，網路的中心是"身體－主體"」[2]。在梅洛龐蒂"身體－主體"的概念下，"審美感知"、"審美意象"下的"時間"是"超越"與"融合"的渾沌體性，不是連續性的邏輯序列性。這將有助於武術美學內涵－"道"之"氣"、"時空"概念的悟入，"道"也具有"超越"與"融合"的渾沌體性。

---

[1] Merleau-Ponty, Maurice, （1962）. *phenomenology of Perception*, p.106。

[2] 關群德，〈梅洛-龐蒂的時間觀念〉，《江漢論壇》5 期（2002），第 49-52 頁。

　　具有美學內涵－"道"之"氣"、"時空"概念的悟入的武術技能表現，其運動空間由"身體－主體"直觀地感知著，武術表現者自身擁有直觀式的"審美感知"，其"身體－主體"的感知是現象學身體感知，是"直心"的而不需在表現的過程加以理智經驗的分析與判斷。武術技能的運動空間是由身體知覺的空間所延伸的，運動空間與身體空間超越性地融合在一起，這本是人性之本然而然，却也是容易忘却的。梅洛龐蒂舉了二個例子，說明這種情形：

　　當我坐在打字機前時，一個運動空間在我的手下面開展，在這個空間內，我把自己所讀到的東西打出來。所讀到的詞語是視覺空間的一種變化，運動的完成是手部空間的一種變化。此時，視覺整體的某種表情如何才能喚起由運動進行的某種回應？每一個視覺結構最終如何產生其運動的本質，而不必為把詞翻譯為運動，而一個一個追蹤這些詞和運動[1]。

　　演奏者僅要練習一小時，就能馬上熟練地使用一架他不熟悉的風琴來進行演奏，僅管鍵盤數不同、音管的排列也與自己用慣的風琴不同。一旦他坐在椅子上，踩動踏板，彈音管，用他的身體控制樂器，配合指揮，他置身於管風琴之中，就像人們置身於一住所之中。至於每一次彈奏，每一次踏板，他記住的不是在客觀空間裡的位置，他沒有把這些位置放入記憶。在排練期間和演出期間，管子組、踏板和琴鍵只是作為這種感情或音樂意義的力量呈現給他的。在標在樂譜上的樂曲的音樂本質和實際上在管風琴中回響的樂曲之間，有一種非常直接的關係，以至於管風琴演奏者的身體和樂器只不過是這種關係的經過地點。從此，樂曲通過自身而存在，並且正是通過樂曲，其他的一切才存在。………這些動作體現了富有感情的力量，發現了激動人心

---

[1] Merleau-Ponty, Maurice, （1962）. *phenomenology of Perception*, p.143。

的泉源，創造了一個有表現力的空間，就像占卜者的動作劃定了神廟的範圍[1]。

　　武術技能表現時之"審美感知"有如上述梅洛龐蒂所舉的例子，武術技法與表現者之間，有一非常直接的關係，這一直接的關係並不容易發覺，它是建立在現象學的身體與現象學的對象上，因此，身體知覺是具含了"意向性"的特性。所謂現象學的身體其實是人的本性顯現，一種本來的"存在之性"，無可抹滅的或無法再還原的特性。建立在現象學的身體的"審美感知"是透過主體本質的、直觀的或上述所云的"存在之性"的源頭產生的審美過程，它是極致的感性非一般的感性，是"直心"的體驗，以致獲得"妙悟"的感知，這種"美"只能體驗感知，難以言語訴說，就如莊子《外物篇》：「荃者所以在魚，得魚而忘荃；言者所以在意，得意而忘言」[2]。風琴的技能是要透過它來表達人的內心情感，武術技能亦同，最後必對技能有所遺忘，就如"得意而忘言"一樣，知道了意思便忘記了語言。武術表現了虛實、剛柔、動靜、開合等技能，最終仍在於表現人對於整個宇宙的思維情感，透過身體為媒介將心靈與宇宙或自然結合，進而表現出武術美學內涵的核心，這是一種融合美與超越美。感性直觀的身體知覺是美學之所以發生的重要關鍵，客觀世界的種種給予我們的不只是生理學般的身體感知，更在直觀的感覺上賦予了對象的意義內涵，就如梅洛龐蒂提出的，「物體的形狀並不只是物體的幾何輪廓，物體的形狀與物體本身的性有某種關係，它在向視覺說真相同時，也向我們所有的感覺說出真相」[3]。

---

[1] Merleau-Ponty, Maurice, （1962）. *phenomenology of Perception*, p.145-146。

[2] 《莊子》（智揚出版社，1993），第 448 頁。

[3] Merleau-Ponty, Maurice, （1962）. *phenomenology of Perception*, p.229。

　　梅洛龐蒂言，「意識就是通過身體的中介而朝向事物」[1]；「一部分小說，一首詩，一幅繪畫，一支樂曲，都是個體，也就是人們不能區分其表達和被表達的東西，其意義只有通過一種直接聯繫才能被理解，在四周傳播其意義時不離開其時間和空間位置的存在。就是在這個意義上，我們的身體才能與藝術作品作比較。我們的身體是活生生的意義紐結，而不是一定數量的共變項的規律」[2]。現象學的身體實質上就是心靈的身體化，心靈透過身體知覺而得以被表現，在這個意義上，身體與心靈是互為本體的融合。另外，客觀世界的種種是透過現象學的身體來感知與實踐並認識的，唯這個身體知覺的感知、實踐與認識容易形成一種慣性，不斷地在身體的感知進行一系列反應與回饋，而形成僵化的觀念或習慣，並將身體這個基本元素給複雜化了，也就脫離了現象學的身體而進入了理性思維的身體。所以，作為最基礎核心的現象學身體，其知覺是容易被掩飾的而進入理性思維的二元或多元分解的模式。梅洛-龐蒂認為，「身體具有一種意向性的功能，它能夠在自己的周圍籌劃出一定的生在空間或環境」[3]。梅洛龐蒂的現象學理論是心與身一元的概念，現象學的身體是心靈的身體化，他說：「我不是在我的身前面，我在我的身體中」[4]，梅洛龐蒂的“曖昧性”的“身體知覺”可說是主體的“存在之性”的“現象場”，也就是“知覺現象場”，世界就是這“知覺現象場”所感知的世界。因此，武術這一人體技能藝術，以“身體知覺”為主體，更以“身體知覺”為內涵，這是“道”的內涵，“道”也就是“知覺現象場”所感

---

[1] Merleau-Ponty, Maurice, （1962）. *phenomenology of Perception,* p.138-139。

[2] Merleau-Ponty, Maurice, （1962）. *phenomenology of Perception,* p.151。

[3] 蘇宏斌，〈作為存在哲學的現象學－試論梅洛龐蒂的知覺現象學思想〉，《浙江社會科學》3期（2001），第87-92頁。

[4] Merleau-Ponty, Maurice, （1962）. *phenomenology of Perception,* p.150。

知的 "道"，"道" 破除了身體、心靈的區別，破除了內在和外在的區別，破除了種種區別，所以，主體的 **"知覺現象場"** 所感知的武術的 "美學內涵" 是破除二元對立的現象，因為二元對立這個概念已經具有了經驗意識的判斷了，在這個二元對立的概念下，身體成為理性思維的身體而非感性直觀的現象學的身體，其所衍生而出的 "審美感知" 是有著形式與內涵上的差異。梅洛-龐蒂說：「當活的身體被當成沒有內在性的外在性的時候，主體性就成了沒有外在性的內在性，一個中立的觀察者」[1]。主體的 **"知覺現象場"** 是胡塞爾現象學無法再還原的本質，也是梅洛龐蒂指出的「現象學最大的教益，就是 "完全還原的不可能性"」[2]，這 **"知覺現象場"** 蘊藏著 "曖昧性"、"渾沌性" 與 "純粹性"。

第五節　本章小結

一、身體－主體的 "審美感知" 在經驗意識與純粹意識下有著不同的表現。

　　經驗意識與判斷使人陷於固化，若人意識或判斷固化則使其異化，異化則非實、非實則主客皆病，病則危及主體與環境。中國武術若無法探索尋獲及顯現 "本質範疇"，則易流於一種身心靈分離異化的偏見，造成 "身體身體化、心靈心靈化" 的二分現象，其表現必然是一種偏差表現或偽裝表現。就如俗人不知陰陽二分為 "道" 之

---

[1] 梅洛-龐蒂、科林·史密斯譯，《知覺現象學[M]》（倫敦，1962），第 151、16 頁。

[2] 錢　捷，〈本體的詮釋（上）---析梅洛龐蒂現象學 "肉體" 概念〉，《哲學研究》5 期（2001），第 31-35 頁。

"道"，是"象"外"象"，而執著於"道"，不見"道"。如手指
"月"，僅見於手而不見"月"。又如執著爭論於"拳握成手，或手
握成拳"，而不見"拳或手"之主導在於主體之"身體心靈化"的結
果。中國武術技能表現是一種身體知覺直觀的情感表現，亦是意識情
感表現，但這些僅能是修煉的初中階層次；愈是高層次的修煉愈是需
朝向內在本源核心去發掘。在這本源核心中，事物的本質才得以顯
現，"審美感知"才不到受到僵化的侷限，而無法與客觀世界相互融
合，表現出和諧、融合與超越之美，主體的身體才不致被理性地與宇
宙之道分割開來。客觀世界的性質與身體知覺是相互交融的，梅洛龐
蒂言：「有感覺能力的主體不把性質當作物體，而是與性質一致，把
性質佔爲己有」[1]。

　　本文認爲藉由現象學之"本質直觀"的"懸置"方法，還原出客
體對象的本質現象；在主體方面，透過"先驗主觀"將主體經驗、判
斷、思維等現象"懸置"，使主體卸解固化的經驗意識與習慣，逼顯
出內在核心的"純粹自我"與"先驗情感"。主客體的預設立場與經
驗、概念的消解，促使二元對立的主客關係也同時熔解，這種超越主
客體的經驗與判斷，不僅是現象學的還原，亦是中國武術哲學天人合
一、陰陽合一的表現。現象學的"本質直觀"與"先驗主觀"分別針
對主體與客體，以"懸置"的方法解決了二元分立的偏見，即是卸解
主客體的具體意義，彰顯其實質涵義，還原事實真相，促使主體與客
體擁有了更大的包容性、永恆性、創造性與明證性，提供中國武術技
能表現至上境界表現的方法與可能性。

---

[1] Merleau-Ponty, Maurice, (1962). *phenomenology of Perception*, p.214。

二、身體－主體的"審美感知"蘊藏著"曖昧性"、渾沌性與純粹性，是"超越的主體性"的呈現。

　　中國武術哲學美學"本質範疇"的內涵或解釋若是由作為主體的經驗意識依照"陰陽變易"哲學的分析判斷而成，它會是中國武術技能表現的當前現象的解釋，亦是中國武術哲學美學恆常本質的外層定義。只是中國武術技能表現之現象乃源於中國武術哲學美學的核心，其種種現象的發生都具有獨特性或個別性，是變動不定的性質，這是由客體與主體的經驗性格所形成的。因此，中國武術哲學美學應從主客體的經驗性格領域中引退或將之剝離，由超越的主體純粹性格而非經驗性格的先驗的"純粹意識"中去探究其"本質範域"。從中可以發現，中國武術的"審美感知"是存在於主體的"本質範疇"的"**知覺現象場**"之上，它蘊藏著"曖昧性"、"渾沌性"與"純粹性"，因此在這"**知覺現象場**"的"審美感知"是一種"**超越的主體性**"的呈現。所謂"**超越的主體性**"意指對於主體的一切經驗意識的特性均予以超越，進而獲致主體與客體的一致性或融合性，在這之中體現出中國武術哲學美學的真實"本質範疇"。這個"**超越的主體性**"亦為"陰陽變易"哲學的最終境地－"道"。"曖昧性"、"渾沌性"與"純粹性"使得"審美感知"不落入僵化的或制式的"審美"規範的控制中，創造了"審美感知"的一切可能與價值，這同時亦造就了中國武術獨特之"身體心靈化"與"心靈身體化"的"美學內涵"，這就是中國武術之"陰陽合一"或"天人合一"的核心。所以，就中國武術而言我們確立了"身體－主體"的"審美感知"是"**超越的主體性**"的呈現，是蘊涵了"曖昧性"、"渾沌性"與"純粹性"的"本質範疇"，這亦符合了"道"的"本質範疇"。

第三章 "陰陽變易"與武術技能表現之"審美關係"

第一節 武術技能藝術與陰陽變易哲學

一、武術技能藝術－哲學美學的思辨

中國武術的形成、發展與變化，長期以來一直受著中國哲學的影響，其美學內涵亦是從哲學高度切入的，因此，中國武術的美學內涵就深受中國哲學的牽引，往往對於武術表現的美學判斷，自然而然地立足於哲學的範域而進行審美觀照，這就在中國哲學的範域上形成了獨特的"審美感知"。學者指出，「中國古代哲學從它形成之日起，就萌發著樸素辯證唯物主義的思想。武術在長期的發展過程中，一直受古代哲學思想的影響」[1]。「背熟了整部哲學史和其中的理論，不如按照自己的處境，找到一個哲學問題，去認真地進行思考，來得有益」[2]。關於中國武術之哲學美學研究正應如此思維，根據中國武術自身的內涵意韻，探索其哲學美學的核心與要素等根本觀念與價值。學者指出，「任何一個民族的藝術，都會體現本民族自己的美學思想」[3]。這種蘊涵民族性的美學思想，具備了根本性、根源性或本質性，從哲學的角度思考，其根本性、根源性或本質性是關鍵重要的。如學者

---

[1] 徐宏魁、韓靜，〈簡論武術的哲學思想〉，《體育函授通訊》18卷（2002），第26-28頁。
[2] 史作檉，《九卷》（台北：人本自然出版社，2002）。
[3] 嚴以健，〈簡論中國繪畫和戲曲美學思想的一致性〉，《鹽城工學院學報》14卷2期（2001），第75-78頁。

云，「不要停留在一民族文化之某歷史的階段中，要設法找到它的根源」[1]。因此，應透過哲學思辨的方式，觸及中國武術的哲學美學根源。中國武術根源於中華民族，具有一定範疇的美學思想，是獨特的、哲學的美學範疇。

哲學美學的探索是一項艱辛的挑戰，尤其是涉及人體技能藝術的中國武術，它必須面臨許許多多僵化的、刻板的觀點與阻礙，這和一切兼具理智性與情感性的哲學探索一樣，困難與障礙是可預期的會發生。因為一種真切的哲學美學應用於人體技能藝術之上，無法僅僅依靠任何單一的形式或語言，就得以簡單地究解出根本的意涵所在。當然形式與語言仍是不可或缺的，只是在此外在形式與表層之上，所需要的是更深層的領悟，而此領悟是以人性為基礎點出發的，是一種"存在之性[2]"，也就是說對中國武術這一人體技能藝術的哲學美學研究，是以人性為基石的。這樣的研究是超越一般智識，屬於純粹的、主觀的對生命深刻的領悟、體會與真實的究解，這樣對於作為人體技能藝術的中國武術，才能將真切具足深刻情感與理性思維的哲學美學意涵，正向的、真實的、系統的揭示出來。這不是一種純粹的哲學或美學，是以人性為基石，以人體技能藝術為對象的研究，是一種極致的人與心靈對話的結果。李澤厚指出：「哲學美學感興趣的仍在於：由個體身心直接參與、具有生物學基礎的動物遊戲本能，如何能與社會性文化的理性內容，亦即"自然性"與"社會性"如何相交溶滲透」[3]。

---

[1] 史作檉，《哲學美學與生命刻痕》（台北：書鄉出版社，1993）。
[2] "存在之性"，它是作為主體的一 "人" 的 "身體知覺" 與先驗的 "純粹意識" 的直觀，其二者之互動關係的本質範疇。
[3] 李澤厚，《華夏美學》（天津社會科學院出版社，2001），第14頁。

　　「哲學總是自己時代和人生之詩的精華。它是精華，可以抽象而高遠；它是自己的人生，所以總與自己時代的倫理、科學和藝術有瓜葛和牽連。哲學總包含、包括或代表自己時代的科學主流中的某些東西，是這些東西的昇華或抽象」[1]。關於中國武術之哲學美學，自然地隨著時代變遷而有所轉化，這是一種哲學的永恆存在，使我們對美的哲學不斷地進行系統性的研究與思維，它對人們充滿著無限的魅力，此種無限的魅力源於人們對外在各種現象的探索，藉由此探索的結果，回饋於人之心靈的滿足，這是美學探索的過程，哲學思維的回饋。一種真正藝術心靈或靈魂的完成，它往往就是一種人性之極限的產物，它既不屬於一種畫面之形式風格，它也不屬於任何人存在之某一種情愫的表達[2]。中國武術不僅是技能的修煉，更重視心靈的修煉，亦是一種人性修煉的過程，是一種心靈藝術化的層次，是以"人"為主體，"自然"為客體的修煉。以"人"為中心是符合中國武術的本質，以一種人體技能藝術而言，中國武術所要求的並不只是外在的技能，而更重要且關鍵的在於"人"之心靈層次的煉昇，這是一種"人性"的極致煉昇，心靈層次的不同對於武術技能的外在展現亦不同；相同的，哲學美學的思維層次亦不同，這也就是中國武術強調之天地人和合的重要概念。

　　學者指出，「"藝術"往往最能考驗一個人的哲學深度。因為藝術中所表現的，並不一定只限於狹小的藝術領域，相反地，它也時常會及於哲學的領域。而所謂"藝術"，實際上是一種表達方式，而所有人類文化中之崇拜，都只有一種最根本的性質，它不是別的，而是人天之對話，同時那也就是一種藝術中極其特殊之超越的語言」[3]。人

---

[1] 李澤厚，《美學四講》（廣西師範大學出版社，2001），第 25 頁。
[2] 史作檉，《林布蘭藝術之哲學內涵》（台北：書鄉出版社，1994）。
[3] 史作檉，《九卷》（台北：人本自然出版社，2002）。

天之對話，意指人與自我之心靈的對話，天無限大，心靈的作用亦無限大，都可以含括一切，人天對話之極致，是一種高度的藝術，亦是一種哲學美學的高層次思維。所有的藝術走向極致時，必須進行極致的人天對話，中國武術的修煉亦然，哲學美學思維亦然。中國武術作為一種獨特的人體技能藝術，其哲學美學的觀念與思維是究解這人體技能藝術的雙翼，是作為一種獨特藝術形態必須要具備的關鍵，它的主要目的在尋現此藝術的"道"或"真"，換言之，哲學美學的思索，乃在於本源之道或本源之真的尋索。就莊子而言，「美即是真，而所謂真有三義。真即是道之開顯；真即是順乎萬物的天性；真即是精誠之至」[1]。

　　「中國武術具有豐富多采的美學思想和價值，在內容上帶有極為濃厚的民族審美意識，德藝、形神、剛柔、和諧構成武術美學樸素的辨證思想的基本特徵」[2]。「武術是中華民族的瑰寶，作為東方傳統文化的組成部份，不僅具有強身健體、技擊自衛的實用價值，還是一種獨特的表演藝術」[3]。中國武術技能藝術，歷經悠久的歷史垂煉，源遠流長哲學思想，它聚文化之精華，展現哲學美學的內涵與特色，呈現主體與自然的融合性與超越性。「但從美學意義上來講，這些美的內容要通過一定的形式表現出來。而形式美也不能脫離內容而存在，武術套路運的各種表現形式，便反映了它們各自的不同技藝特徵」[4]。

---

[1] 沈清松，〈莊子與海德格的美學〉，《利瑪竇學術資料庫》（2003）。
　資料引自 http://www.riccibase.com/docfile/art-tk01.htm。

[2] 張志勇，〈論中國武術美學思想的內涵與特徵〉，《成都體育學院學報》24卷1期（1998），第11-15頁。

[3] 梁力夫，〈武術套路運動藝術的美學特徵〉，《體育科技》19卷2期（1998），第67-70頁。

[4] 張茂于，〈現代美學思想與武術〉，《西南民族學院學報》23卷（2002），第299-300頁。

二、武術技能藝術與陰陽變易

馮友蘭指出，「老子的主要觀念是"太一"，"有"、"無"、"常"。"太一"就是"道"。"道"生一，所以"道"本身是"太一"。"常"就是不變。雖然萬物都永遠可變、在變，可是萬物變化所遵循的規律本身不變。所以《老子》裡的"常"字表示永遠不變的東西，或是可以認為是定規的東西。……萬物變化所遵循的規律中最根本的是"物極必反"。……這構成一條自然規律」[1]，這也就是《老子》"反者道之動"的內涵，這一自然規律被解釋為"陰陽"的思維概念，武術技能將"陰陽"引用至各種功法、套路與攻防的技法運用上。"陰陽"為中國古代人們在面對自然、社會等各種現象，提供了合理的解說依據。欲知天地，先了陰陽也。"陰陽"二元化的思維，看似簡單，卻變化無窮。因此，演變了八卦、六十四卦等用以解釋世間現象的卦象。「諸如日月星辰崇拜對我國後來的宗教信仰影響很大，日月崇拜演化和擴大為天地崇拜，並與"陰陽觀念"相結合，成為"天地陰陽"的重要標誌」[2]。「一陰一陽之謂"道"，這是中國易學表述事物矛盾法則的基本命題。由日月、晝夜、陰晴、寒暑、男女等自然矛盾事物及矛盾現象，以及面臨君臣、主奴、貧富、治亂、禍福、消長、興衰等社會矛盾現象。正是在此基礎上，人們有了關於自然和社會矛盾基本法則的感性認識」[3]。因此，"陰陽"的概念對人們的影響是全面性的，人們的生存無不與"陰陽"息息相關，"陰陽"的概念也就逐漸地形成一種法則或學理，易學也就是其中代表之一。

---

[1] 馮友蘭，《中國哲學史》（華東師範大學出版，2000），第 84-85 頁。
[2] 牟鐘鑒、張踐，《中國宗教通史上冊》（北京：社會科學文獻出版社，1997）。
[3] 鄧開初，〈陰陽－哲學範疇與詞義體系〉，《船山學刊》3 期（2002），第 65-68 頁。

《周易‧繫辭上》「天尊地卑，乾坤定矣。卑高以陳，貴賤位矣。動靜有常，剛柔斷矣。方以類聚，物以群分，吉凶生矣。在天成象，在地成形，變化見矣」[1]。天地、乾坤、卑高、貴賤、動靜、吉凶等現象指明了宇宙萬物之根本規律，按此規律而形成了各類不同的群體，這些相對的規律，彼此間都相互的牽扯影響。「在《易》關於矛盾現象認識的基礎上，人們逐步把具有辯證法的矛盾概念上升爲“陰陽”範疇，並以“陰陽”二氣的消長作爲解釋事物運動變化的原因。此後，老子、鄒衍、董仲舒、朱熹等歷代思想家、經學家、理學家對陰陽之學均有過不同的說解，但對其基本內核並無大異的看法。經其不斷演繹、擴充，易學的這個基本命題逐漸成爲中國古代哲學的一個基本範疇」[2]。「易學哲學的思想體系，集中到一點，就是以“陰陽變易”的法則說明一切事物的產生、發展和變化，可以稱之爲“陰陽變易學說”」[3]。由於人們對自然、社會的觀察，歸結出陰陽的基本概念，漸漸積澱出豐富的理論架構。學者指出，「陰陽學說是中國古代哲學樸素的唯物論和樸素的辯證法思想。這些樸素的辯證法在傳統武術中也有所體現，武術中的“動靜、剛柔、虛實、開合、內外、進退、起伏、顯藏攻守等技法就產生於陰陽學說。這些對立技法描述的武術神奇莫測的變化，成爲武術各流派拳理之精華」[4]。

　　關於中國美學的範疇，學者指出，「中國美學範疇有其獨特性，從符號形態看，具有象喻性；從邏輯意旨看，具有渾化性；從動態演

[1]孫通海，《中國古典美學舉要》（安徽教育出版社，2000），第 116-117 頁。
[2]鄧開初，〈陰陽－哲學範疇與詞義體系〉，《船山學刊》3 期（2002），第 65-68 頁。
[3]鄭萬耕，〈陰陽變易學說的思惟特徵〉，《中國哲學史》3 期（2000），第 28-34 頁。
[4]徐宏魁、韓靜，〈簡論武術的哲學思想〉，《體育函授通訊》18 卷（2002），第 26-28 頁。

化看，具有衍生性；從理論旨歸看，具有功能性。這種範疇特性典型地展示了中華民族審美思維和藝術把握的獨特方式」[1]。中國武術從符號的形態看，無不體現中國古典哲學之"陰陽"概念，一黑一白的符號展現無限可能的發展，這是獨特的人天對話的重要符號；從邏輯意旨看，中國武術之"虛實"概念則有著兼容並蓄，融為一體的渾化性，舉凡意、力、形、勁、攻、守、進、退、開、合、剛、柔、沉、疾等概念，都涵藏於"虛實"無盡的範疇中；從動態演化看，中國武術講動靜分明，一靜不如一動、一動不如一靜、靜中動蓄、動中靜含，因此，由動靜衍生了節奏、氣韻、神韻、身法等美學特點；從理論旨歸看，中國武術的功能性是三位一體的，即身心靈合一全方位的人體技能藝術，不僅強健體魄，修心養性，更因武德教育的涵養，造就不斷昇華的心性。綜合言之，中國武術之美學系統，是高度哲學化的東方思維，具備精確的理論體系。

「武術套路的創編，實質上就是人類在長期實踐過程中不斷地發現、認識並利用客觀規律，變"自在之物"為"為我之物"，以增強生存競爭能力的過程。這一過程的結果，使得人類的本質力量對象化於武術套路之中。人類從這一對象化的感性形象之中直觀到自身，就產生了武術套路中的美」[2]。「武術套路的藝術美，一方面來自表演者對動作攻防含義的理解、身體姿態的高度配合、節奏處理以及藝術表現手法；另一方面，來自武術套路那渾厚、雄壯的氣勢和身體運動的特殊形式」[3]。中國武術面對當代文化、藝術思維的衝擊，其實際的攻

---

[1] 李　旭，〈論中國美學範疇的特徵〉，《五邑大學學報》4 卷 3 期（2002），第 12-16 頁。

[2] 周亨友，〈中華武術的美學本質〉，《湖北體育科技》20 卷 2 期（2001），第 20-21 頁。

[3] 張茂于，〈現代美學思想與武術〉，《西南民族學院學報》23 卷（2002），第 299-300 頁。

防對戰已相當程度的減弱。由內在的哲學意涵向外擴展，進而轉化為一種包含哲學、文化、藝術、美學、養身健身、修心養性的獨特性身體技能。「武術運動能使人獲得美的感受，在某種程度上滿足人們的審美需要和享受，這種"審美價值"，產生於技擊美的技藝美融合的武術美。武術的技擊美，以人們對武術攻防功利的認識為基礎，通過實戰博鬥動作的攻防實效、套路演練動作的攻防含義表現出來」[1]。「武術套路的藝術美在於演練過程中所表現出優美的形態，鮮明的韻味、和諧的神韻以及形式與技藝美。這獨具特色的美，一方面自表演者對動作攻防含義的理解與身形姿態的高度配合、節奏的處理以及藝術表現手法，另一方面來自武術套路那渾厚、雄壯的氣勢和身體運動的特殊形式」[2]。中國武術是一個全方位的活動，它包括身心靈的全方位內涵，其美學特徵是內在外顯的、內意外合的、陰陽相生相合的、精氣神和諧統一的、虛實相間的、動靜分明的、剛柔相濟的，這些美學特徵不僅是外在表徵的，實際是蘊藏豐碩的中國哲學意境，是透過人體技能體現出來的藝術。

「武術的技藝美，是充份發揮人體運動能力，表現出的武術姿勢規格美和運動規律美。在武術套路運動中，還通過傳神、比興、誇張等藝術手法來加強武術姿勢規格美和運動規律美的表現力和感染力，使武術技藝美具有更高的審美價值。人們對武術美認識的深化，對武術審美價值的利用，促進了習武者和民間武藝人追求，"審美價值"進一步提高，武術自身含有的那些能激起觀賞美感的審美因素被逐步固定下來，武術技擊美和技藝美融合一體」[3]。中國武術運動既是傳統

---

[1] 康戈武，《中國武術實用大全》（五洲出版社，2000），第 16 頁。
[2] 吳必強，〈武術的美學特徵及講授方法〉，《高等建築教育》4 期（2001），第 55-57 頁。
[3] 康戈武，《中國武術實用大全》（五洲出版社，2000），第 17 頁。

體育,亦是一獨特的傳統美學藝術。其美學思想重於"心領神會"。中國武術的內在哲學思維,受到中國傳統哲學"陰陽合一"的思維影響,在武術套路的創編上,實是一種對於大自然的藝術表現。研究指出,「中國武術之天人關係,主要集中在"人與自然界"、"人與道"二方面,其"天人合一"即是重要的武術思想之一,亦可稱之為"陰陽合一"」[1]。「中國武術是中國傳統身體活動的一環,受到中國傳統身體觀身心合一、精氣神相通的影響,發展出注重整體、協調、多元思考的身體活動模式」[2]。「武術套路的傳統美學深受中國傳統哲學思想的影響,套路演練的美學藝術表現關鍵在於把握好動態中的"和諧",演練客體"形"與"神"的"和諧",演練客體與觀賞主體的"和諧"」[3]。研究指出,「"陰陽"觀念對中國文化、哲學產生極深之影響,而中國武術亦受太極陰陽變易觀念的主導,諸如攻守、明暗、進退、虛實、動靜等無不以"陰陽關係"為依歸」[4]。因此,中國武術藉由陰陽而衍生出種種的哲學美學概念與特徵,如虛與實、意與形、動與靜、剛與柔、氣與韻、開與合、急與緩等。

中國武術是一種東方的、人體的、動態的美學,是一種結合時間、空間的藝術形態,它與舞蹈、戲曲、運動相同都是一種動態的美學,而不同於一般之書法、文學、繪畫、雕刻等作品。美學大師宗白華云:「音樂為時間中純形藝術,建築為空間中的純形藝術,它們都以並非模倣自然的境相來表現人心中最深不可名的意境;而舞蹈為綜

---

[1] 鄭仕一,〈從體育哲學範疇探究陰陽關係在中國武術教學中的價值〉,《大專體育學刊》5卷2期(2003),第11-25頁。
[2] 彭怡文,《中國武術傳承模式的現代省思》(南華大學教育社會學研究所碩士論文,2001)。
[3] 梅杭強、陳 蓓,〈武術套路的傳統美學闡釋〉,《天津體育學報》16卷4期(2001),第65-67頁。
[4] 鄭仕一,〈從體育哲學範疇探究陰陽關係在中國武術教學中的價值〉,《大專體育學刊》5卷2期(2003),第11-25頁。

合時空的純形藝術,所以能爲一切藝術的根本形態」[1]。「在純美藝術中,不論是表形藝術、表聲藝術、表義藝術,並不是僅止於模仿,而是更要努力創造。因爲靈魂是前進不息的,它永遠不重複自己,在每一個行動裡,它嘗試著創造一個新的,更美麗的整體」[2]。中國武術是一種東方的人體技能藝術,是一種綜合時空的純形藝術,在時代變遷、文化提昇的要求下,中國武術的攻防功能轉化爲美學的、藝術的概念與思維,其中心思想則離不開中國古典哲學思維之"陰陽"概念。中國武術之"陰陽合一"的思維,旨意即在於"和諧",其武德之教育要求亦是"和諧",在"虛實"、"意形"、"節奏"、"剛柔"等美學特徵中亦是一種"和諧"的體現。研究指出,「"陰陽關係"對於武術而言意謂著"動靜皆含"、"虛實互轉"的義理,身動而心意靜,身靜而心意動,一招一式無不展現著動靜、虛實的"陰陽關係"。武術之動靜、攻防、虛實、進退、開合等本質上展現於矛盾對立又統一的規律上,武術運動即是在此種矛盾對立又統一中展現出涵藏的哲學深義與傳承發展的動力」[3]。

　　"陰陽變易"的哲學概念深切地斧鑿於、流暢於中國武術之血脈中,可說是中國武術的內化存在之所涵,亦爲中國武術修煉者追求之最高境界-"道"的最重要的哲學概念。"陰陽變易"亦流變於中國武術技能表現之時間與空間的存在之中,其技能表現作爲一種藝術,正是透過此"陰陽變易"展現其藝術之時間穿透張力與空間擴展張力的綜合型態,欲確實地掌握其規律,則必對"陰陽變易"哲理之核心與本質有完善的知解與判斷。事物的核心是先驗存在的,其本質則是

---

[1] 宗白華,《宗白華全集第二卷》(安徽:安徽教育出版社,1994)。
[2] 張肇祺,《美學與藝術哲學論集》(台北:文史哲出版社,1993)。
[3] 鄭仕一,〈從體育哲學範疇探究陰陽關係在中國武術教學中的價值〉,《大專體育學刊》5卷2期(2003),第11-25頁。

依存於此先驗存在的，欲解析中國武術之哲學美學的"先驗核心"與"本質要素"，首先應對"陰陽變易"關係與其價值有深入的探索與研究。

第二節 "陰陽變易"之對立、衍生、融合 與武術表現之"審美關係"

　　哲學界認為，「由於"陰陽學說"承認世界是物質性的，萬物由"陰陽"兩氣相互作用而構成，同時，"陰陽"闡述了對立統一規律的許多重要原則，因而它具有樸素唯物論和辯證思想。東方思維中的"陰陽"與現代科學中的物質運動狀態是對應的。"陰陽"是抽象的，但物質的運動狀態卻是具體的，每一種運動狀態都有相應的物質依托，因此，東方人的陰陽論並不是虛無飄渺的」[1]。「"陰陽"是中國古代哲學家提出的一對概念，也是一對重要的哲學範疇。哲學家對"陰陽"進行許多辯證的論述，形成內容豐富、道理深刻的陰陽論，可說是中國傳統哲學辯證法的規律之一」[2]。周敦頤云：「五行，一陰陽也；陰陽，一太極也」。又云：「五行陰陽，陰陽太極，四時運行，萬物終始」[3]。武術之道，亦一陰一陽也，舉凡攻防、進退、虛實、剛柔、開合、節奏、意形、氣韻等皆是一陰一陽之理也。中國武術哲學美學應重視其"陰陽"之道。康戈武指出：「中國武術強調以陰陽互根、陰陽消長、陰陽轉化作為武術技法的基本原理，以此來解

[1] 趙國求、李銳鋒，〈陰陽平衡與現代科學物質觀〉，《武漢工程職業技術學院學報》13卷4期（2001），第20-25頁。
[2] 周桂鈿，〈陰陽論－中國傳統哲學辯證法之一〉，《中國社會科學院研究生學報》5期（1996），第8-13頁。
[3] 陳克明，《周敦頤集》（北京：中華書局，1990）。

釋和規範拳技理法」[1]。對於"陰陽變易"哲學的探究，本章節從哲學角度分析"陰陽變易"的種種關係，包括"對立"、"衍生"、"融合"等關係與現象進行關於武術技能藝術之"審美關係"的分析與探討。"審美關係"是「人在審美活動中同現實發生的關係。客體的審美特性和主體的審美需要、審美實踐、審美能力是它形成、發展的主客觀條件。它確立使客體成為審美的客體，主體成為審美的主體。它是人從審美上把握世界、改造世界和認識美、創造美的前提，是美學研究的基本問題」[2]。武術技能藝術自身的本質就蘊涵了"陰陽變易"的對立關係、衍生關係、融合關係，這些關係自然必然的就構成了武術技能藝術的"審美關係"。

　　中國武術技能表現本質上是在"陰陽變易"的基石上，於"對立關係"中涵藏著"矛盾"與"規律"現象，例如太極拳之剛柔互運、用意不用力、以意導氣、鬆靜自然等矛盾與規律。學者云，「太極拳的所有動作，都是矛盾雙方共處在一個對立統一體的運動過程中」[3]。其中蘊涵著"矛盾"與"規律"的現象，由此現象範疇推衍了解"陰陽變易"對於武術技能藝術之"剛柔之美"與"節奏之美"。此涉及武術技能藝術與"陰陽變易"的本體觀。在此基礎上能夠衍生出變化萬千的攻防、養身、修性等法則，"陰陽變易"的矛盾統一造成相互轉化的現象，因此，透過不斷地轉化，而有無限可能的變動轉化。

　　"陰陽變易"之"衍生關係"與其中蘊涵之"認識"與"存在"現象，由此現象推衍了解"陰陽變易"對於中國武術技能表現之"自然之美"與"虛實之美"。例如太極拳中順應自然的"虛實"轉化過程，即涵藏著自然與虛實的美學思維，這是"陰陽變易"衍生關係的

[1] 康戈武，《中國武術實用大全》（五洲出版社，2000），第53頁。
[2]《哲學小辭典》（上海辭書出版社，2002），第308頁。
[3] 楊黎明，〈太極拳與辯證法〉，《體育學刊》4期（1997），第49-50頁。

現象，此涉及武術技能藝術與"陰陽變易"的認識觀。中國武術在歷史的進程中，不斷地在理論上、技術上與各種文化進行融合，這種"陰陽合一"、"天人合一"的傳統哲學觀，表徵著分化至合一、合一再分化的循環進程。

最後透過"陰陽變易"之"融合關係"與其中蘊涵之"實踐"與"異化"現象，由此推衍了解"陰陽變易"對於武術技能藝術之"意形之美"與"氣韻之美"，此涉及武術技能藝術與"陰陽變易"的目的觀。"實踐"意謂著促使技能表現者最終在武術技能、學理與意境修煉上的融合，進行自我改造、自我升華的概念。這亦是形成武術技能藝術重視武德之修養與實踐的因緣。"陰陽變易"是互存的，不會單獨存在，故技能表現者實踐過程中就會有正負二個發展，亦可說是"陰陽"二種形式與內容，武術修煉者必須透過思維與技能的內化，將此二種極端的形式與內容融合於主體之"意"。"陰"與"陽"對中國武術而言是相同重要的，"異化"層次的"正"與"負"發展對技能表現者而言也是相同重要的。因此，本文透過哲學美學的判斷，探討分析"陰陽變易"在武術技能藝術表現中的"審美關係"。下列我們將以"陰陽變易"的三個主要關係與六個範疇分別討論，並依此推衍出六個關於武術技能藝術的"審美關係"。

一、對立關係

"陰陽"亦可說是一種二元思維，涵藏二元思維之價值。從此思維中，"陰陽"展現出對立的、規律的、矛盾的現象。而這些現象表徵出"陰陽變易"的根源與規律，由"矛盾"與"規律"探討推衍出"陰陽變易"對武術技能藝術的審美活動的"剛柔之審美關係"與"節奏之審美關係"。

（一）矛盾範疇－“剛柔”之“審美關係”

「矛盾是反映事物內部互相對立之間，又鬥爭又同一關係的哲學範疇，矛盾是事物存在的根據，是事物發展的動力。矛盾存在於一切事物之中，事物的運動始終是矛盾的運動」[1]。“陰陽”本質上是一種矛盾，此矛盾是“陰陽”存在的根據，也是“陰陽”互生的動力。相同的，亦是中國武術發展的動力。“陰陽”矛盾可分為內在與外在二部份，內在部份的矛盾展現於陰陽二者之間的內化，諸如“陰陽”對立、相生、相剋、互轉等；外在部份則展現於與其他事物之間的互動，如“陰陽”與“人”、“陰陽”與“武術技能藝術”。矛盾存在於作為主體的“人”與作為客體對象的“武術技能藝術”之間，“陰陽變易”的矛盾造成對立關係，對立則有變動，變動則產生法則，在整個變動的過程中，其剛與柔是不斷對立並互轉的。“陰陽變易”產生了“剛柔”之“審美關係”，其因矛盾而對立、對立而合一、合一而再分二，如此循環不止，在此循環中則蘊涵著豐富的哲學美學的價值。

“陰陽變易”的內在矛盾呈現在中國武術技能表現之中，以拳法而言，即是由陰拳轉化為陽拳的過程，正是由於這樣的轉化，才發展出所謂的“勁道”，這是由柔轉剛的變動過程。若不體驗如此的剛柔轉化，則在拳法的技能表現上僅能停留於表層階段的模倣功夫，對於剛柔的表現也就無法純粹地掌握了。而“陰陽變易”的外在矛盾，則呈現在“人”與“武術”的矛盾、觀賞者與演練者之間的矛盾，主體是柔中帶剛，客體則為剛中帶柔，在“人”與“武術”對立矛盾之中，剛柔亦是二者互為變動的因子。此種矛盾是必然的，因為“人”

---

[1]張衛民、王學雷，〈教育哲學基本問題討論〉，《山西大學學報哲學社會科學版》4期（1998），第101-104頁。

與“武術”的相對關係將由陌生（陰）引導出探索的、表現的意念
（陽）；因爲“人”在觀念、策略與態度上的正確（陽），促使“武
術”技能表現由陌生（陰）轉化至熟悉的正確性（陽）。反之則結果
不同。經由作爲主體的“人”對“陰陽變易”的內在矛盾的體驗，及
對客體對象“武術”技能表現之外在矛盾的掌控，便能由“陰陽變
易”之“對立關係”發覺屬於武術技能藝術的“剛柔”之“審美關
係”，透過此“審美關係”，促使中國武術技能藝術具備“陰陽變
易”的獨特性，也使得其審美活動具備了客體的審美特性和主體的審
美需要、審美實踐、審美能力。

（二）規律範疇－“節奏”之“審美關係”

　　“陰陽變易”的規律表徵中國武術技能表現的一種必然性，其必
然性展現於“人”與“武術”在技能表現上本質的或互動的關係中。
“本質的”表示武術技能表現自身具備的必然性，亦可稱爲內在規
律；“互動的”表示武術技能表現與彼物互動的必然性，亦可稱爲外
在規律，例如武術與哲學、美學、藝術、教育、經濟、文化的互動。
“陰陽變易”表徵出中國武術技能表現的本質規律，這是一種實質
的、客觀的必然結果。這種規律性，在武術技能藝術表現上構成了一
種“節奏”之“審美關係”。因此，可以成爲中國武術技能表現之客
觀依據，以避免因違背此客觀規律，導致武術技能表現的畸形發展。
例如動靜、虛實即是中國武術的重要節奏規律之一，是整個中國武術
技能表現的演練過程中展現攻守、起落、動靜、緩急、開合、進退等
重要的節奏規律。“動靜”是“陰陽變易”哲學與中國武術技能表現
之主要形式之一，中國武術技能表現因“動靜”而氣勢分明，“動
靜”自然也必然的形成了武術表現的“節奏”，“節奏”之“審美關

係"因此而立。朱熹解釋「"太極動而生陽，靜而生陰"說：太極，理也；動靜，氣也。氣行則理亦行，二者常相依而未嘗相離也。太極中本有動靜之理，乃陽動陰靜的本原。而此動靜之理又寓於"陰陽"二氣之中，二氣之動靜乃動靜之理所憑藉的依托」[1]。因此，中國武術在技能表現過程中，需注重其基本節奏規律的掌握。「武術功法應消除妄動，從靜中體驗；以意領氣，在身內周流；應外誘潛，從動中獲得；微量遞增，從有限中求無限」[2]。類似前述武術功法，在其他諸如武術技法、攻防規律、各式拳種的不同技法規律等，都必須藉助主體的身心感知與"審美感知"的互相作用，使"陰陽變易"規律地作用於每一細膩的技法之中，中國武術技能表現對"陰陽變易"規律的掌握是充分表現武術之技法特色，與其"審美關係"與"審美想像"的重要關鍵。

　　節奏分明、動靜得宜是中國武術技能表現的重要依據之一。以中國武術長拳輪臂仆步拍掌動而言，起動前之靜態的保持，如太極飽滿之姿，蓄勁待發，輪臂一動至仆步拍掌之定勢靜姿之間，其動作應掌握速度與勁道的發揮。此動作的過程正是由極靜至極動再至極靜。這是陰陽快速變動節奏的掌握。然陰陽變動之節奏規律應用於中國武術技能表現之中，得視其種類的不同而有所不同。但皆離不開陰陽對立、互根、消長與轉化四種現象。武術技能藝術的規律透過"陰陽變易"的四種現象來加以展現，技能表現中主體必須清楚認知技能表現的對立、互根、消長與轉化的情況，因對立而有攻防、因互根而能變化、因消長而有剛柔、因轉化而生勁道。如此才能由"陰陽變易"彰

---

[1] 鄭萬耕，〈試論宋明易學的太極動靜觀〉，《周易研究》5期（2002），第16-21頁。

[2] 康戈武，《中國武術實用大全》（五洲出版社，2000），第99-100頁。

顯並掌握中國武術哲學美學的"規律現象",展現其"節奏"之"審美關係"。

二、衍生關係

由"陰陽變易"所衍生的現象,可說是千變萬化,"陰陽變易"透過對立的衝突,激發出結構上的轉變,由矛盾至轉化,由對立至統一,即所謂"陰極則陽生,陽極則陰生"。「"陰陽"觀念是中國古人在認識世界的過程中逐步形成的一組對偶的觀念,"陰陽"思維則是在"陰陽"觀念的基礎上,逐步形成的認識世界的規範或方法論,實際上也是一種定勢思維」[1]。"陰陽"的存在的合理性,即在於它具有衍生的價值性,因此,必須正確地以科學的、邏輯的推理方式來認識"陰陽變易"的真象與事實。由"認識"與"存在"等範疇可以推衍出"陰陽變易"對武術技能藝術表現的"自然"之"審美關係"與"虛實"之"審美關係"。

(一)認識範疇-"自然"之"審美關係"

「認識範疇在哲學科學中主要有唯物主義與唯心主義兩種界定」[2]。「就本質來講,陰陽思維屬於抽象的理性思維,中華民族的先民們很早就認識到從事物的對立兩部份來解釋複雜的自然和社會現象,以便把握事物的運動變化規律」[3]。對"陰陽變易"的認識是中國武術技能表現的基本方式之一,"陰陽變易"的認識是對中國武術技能表現的高度理性再認識。中國武術技能表現過程中,對"陰陽"的認識應

---

[1] 張有喜,〈陰陽觀念與陰陽思維〉,《雁北師院學報》3 期(1994),第 27-28 頁。
[2] 張衛民、王學雷,〈教育哲學基本問題討論〉,《山西大學學報哲學社會科學版》4 期(1998),第 101-104 頁。
[3] 張有喜,〈陰陽觀念與陰陽思維〉,《雁北師院學報》3 期(1994),第 27-28 頁。

以不同的認知結構對 "陰陽" 知識的高度升華,例如 "陰陽" 的對立、統一、相生、相剋、轉化與合一等。 "陰陽變易" 的 "自然" 存在於主客體互動的關係之間,就武術技能藝術而言,也就是 "人" 與 "武術" 的互動關係之間, "自然" 對中國武術技能表現的內容有特殊地聯系存在,因此,對 "陰陽變易" 的 "自然" 正確認識是促進與提昇其技能表現與發展的重要關鍵之一,反而言之,對 "陰陽變易" 之 "自然" 的錯誤認識是造成其技能表現偏差與發展遲緩的原因。下列舉例說明之。

太極拳之左右野馬分鬃、十字手、攬雀尾等,即是一種陰陽對立、統一與轉化的表徵。以左右、上下、前後分陰與陽,但卻是相對依存、互為轉化,呈現對立與統一同時存在的邏輯規律,這符合 "陰陽變易" 之 "自然" ,進而體現著中國武術技能表現的 "自然" 之 "審美關係" 。 "陰陽變易" 思維屬於抽象的理性思維,故有必要從哲學高度的認識進行了解。 "陰陽變易" 是中國武術技能表現的重要知識系統,它能夠促進學習者從客觀的知識轉化為主觀的認知,此主觀的認知即是構成技能表現能力的重要因素。因此,從 "陰陽變易" 的 "認識範疇" ,展現了中國武術技能表現時的 "自然" 之 "審美關係" ,此 "審美關係" 維繫著中國武術技能表現之正確性、發展性與傳承責任。此意謂著,中國武術技能表現必須是自然的、自由的、自主的技能表現過程,任何人工技藝化的加工形式,都將使得中國武術技能表現脫離於自然之道,而成為一種刻板的人工加工品。

(二)存在範疇－ "虛實" 之 "審美關係"

存在是哲學的基本範疇之一,亦為哲學領域深奧的論題之一, "陰陽變易" 實質內涵亦即涉入了存在的論題。人性的根源本質,即

是一種客觀的存在，可云人性之存在是以一種"存在之性"存在著，
這又與"陰陽變易"探究宇宙事物的根源存在一樣。各種事物的存在
必有其合理性，此合理性乃相對於彼物而言。例如"陰"乃相對於
"陽"而存在。"陰陽變易"對於中國武術而言，其存在的合理性，
即在於中國武術的本質是建構於"陰陽變易"的基石上。"陰陽"是
對立的，中國武術也是對立的敵我之分。"陰陽"同時也是對立的統
一，中國武術之各種現象都離不開這個對立與統一的"陰陽變易"法
則。"陰陽變易"相對於武術技能藝術而言，存在客觀性與永恒性，
武術技能藝術以"陰陽變易"爲其客觀的依據，同時，亦是中國武術
永恒的實質內涵之一。"人"相對於"武術"，其存在的合理性視二
者之間的轉化，在此轉化的基礎上，建設"陰陽變易"存在的價值。
"陽"存在的價值乃爲提升"陰"的存在與轉化，此乃"陰陽之道"
的衍生關係。正如《易經》云：云：「一陰一陽之謂道，繼之者善
也，成之者性也」；又云：「易與天地準，故能彌綸天地之道」[1]。

　　"陰陽變易"對於中國武術技能表現存在之合理性，在於建構
"人"與"武術"正確的起點，也就是讓作爲主體的"人"透過"陰
陽變易"概念符合"陰陽"虛實互轉之律來表現武術技能，"虛實"
是"陰陽變易"的形式與內容之一。就哲學美學而言，這是一種"虛
實"之"審美關係"的展現，對於"虛實"是掌握是技能表現的前提
條件。例如長拳基本之獨立式站椿，首先透過"陰陽變易"關係了解
其"虛實"存在的外在與內在涵義，支撐腳爲實，彎曲腳爲虛，此爲
外在涵義；內在涵義爲，彎曲腳欲轉虛爲實，支撐腳欲轉實爲虛。常
見長拳套路中獨立式之後續動作爲弓步沖拳、或上步踢腿等。上述例
子中的技能表現若對於"陰陽變易"之"虛實"表現、轉化、運用無

[1]《易　經》（老古文化事業有限公司，1994）。

法正確地、自然地掌握，則中國武術技能表現將只是一種視覺畫面，而無法藉由"虛實"之"審美關係"展現內化意境的情感，失去了哲學美學的價值。因此，中國武術透過對"陰陽變易"的存在價值的探究，提昇對於中國武術技能表現之"虛實"轉化的掌握是重要的，使其更確實地透過"虛實"之"審美關係"在武術技能藝術的表現時，能較徹底地掌握發揮其"虛實之美"。

三、融合關係

從"陰陽變易"之"融合"的"審美關係"來看，"陰陽變易"並不是對立矛盾的，只是外在形式或概念看起來像以對立矛盾的，馮友蘭指出，「所有這些矛盾的說法，只要理解了自然的基本規律，就再也不是矛盾的了。但是在那些不懂這條規律的一般人看來，它們確實是矛盾的」[1]。「中國武術的訓練受傳統身體觀"身心合一"、"精氣神相通"的影響，講求肢體動作的協調性，除了鍛鍊外在的身體，也磨練內在心靈。中國武術的學習在肢體鍛鍊的同時也鍛鍊內在的心靈與人格，甚至也會影響到習武者的思考模式與性格」[2]。"天"與"人"的關係就是大自然（天）中有個小自然（人），"陰陽"二氣充滿於人身之中與天之"陰陽"二氣相互通融、相互呼應，"人"在"天"中，"天"在"人"中。中國武術技能表現應注意"人"與環境的互動。就天而言之，太極陰陽也；就人而言之，太極陰陽也；就中國武術技能表現而言之，亦是太極陰陽之理也。太極有創造之德，應用於萬物皆成也。因此順太極而成其事者，為"道"也。"陰陽變易"與中國武術技能表現之最終本務與目的，有著相當程度的內在聯

---

[1] 馮友蘭，《中國哲學史》（華東師範大學出版，2000），第 85 頁。
[2] 彭怡文，《中國武術傳承模式的現代省思》（南華大學教育社會學研究所碩士論文，2001）。

系，就二者而言都蘊涵著＂道的合一＂與＂法生萬物＂的融合概念。
本文由＂實踐＂與＂異化＂二個範疇，推衍出＂陰陽變易＂於武術技
能藝術的＂意形＂之＂審美關係＂與＂氣韻＂之＂審美關係＂。

（一）實踐範疇－＂意形＂之＂審美關係＂

「＂人＂的真正存在就是仁義中正之性，即所謂＂人極＂」[1]。朱
熹云：「側隱之心，仁之端也；羞惡之心，義之端也」[2]。中國武術技
能表現中，在內心意境應貫入此＂仁義中正＂之哲學觀念，令中國武
術技能表現蘊涵著哲學之內在涵養。武德（陰）與技能（陽）是武術
技能表現實踐的主要內容，二者一陰一陽、一內一外，相輔互成，這
是矛盾與統一的綜合。學者指出，「在直覺和邏輯統一的基礎上達到
天人合一，是中國傳統哲學基本精神的集中體現」[3]。「武德修養，就
是按照武德原則，規範進行一系列自我反省、自我認識、自我批評、
自我改造的過程，以及經過長期努力所形成的高尚情操和道德境界」
[4]。中國武術技能表現之身與心、知與行的融合也就是＂陰陽＂觀念的
化合，即所謂＂陰陽變易＂之＂陰陽合一＂。中國武術技能表現的實
踐可以是多樣化的，其主要目的在於提升技能表現者自我改造的能力
與自我內化的品質，次要目的在於促進＂人＂對＂武術＂內容認識的
提升，最終將中國武術技能表現哲學化、藝術化，這是外在技能表現
與內在意境合一的＂道＂的境地。周敦頤云：「聖人之道，仁義中正
而已矣」[5]。中國武術技能表現應以＂人道＂為其中心思想，盡心、知

---

[1] 蒙培元，《中國心性論》（北京：學生書局，1996）。
[2] 朱熹纂，《四書章句集注》（長安出版社，1991）。
[3] 王天成，〈西方辯證法與中國哲學精神的理論交滙點〉，《長白學刊》3 期
（1995），第 19-23 頁。
[4] 詹明樹，《武術太極拳》（國立體育學院教練研究所碩士論文，1999）。
[5] 陳克明，《周敦頤集》（北京：中華書局，1990）。

性、知天、順理,體會"天道"之意境,進而獲致"人道"與"天道"的融合。中國武術之武德(意)與武術(形)的融合,由"陰陽變易"的"實踐範疇"產生了哲學美學的"意形"之"審美關係",這是促使武術技能藝術發展更符合當代美學與武學思維的重要關鍵,武術家與武術員的差異就在於此,亦如藝術家與工藝家的差別。

中國武術關於武德與技能在哲學美學的實踐上,應重視由廣而深、由外而內的過程,中國武術所謂"用意不用力;意到力到"、"拳到無心方為真"等原則,可促進中國武術技能表現之"身心合一"、"德術兼備"的實踐。"道"的"無為"是一種"德"的修為,此修為是武術技能修練的重要指引,也是武術入"道"的境地的必要條件,這也是一種"樸"的思想。「按照"無為"的學說,一個人應該把他的作為嚴格限制在必要的、自然的範圍之內。"必要的"是指對於達到一定的目的是必要的,決不可過度。"自然的"是指順乎個人的德而行,不作人為的努力。這樣做的時候,應當以"樸"作為生活的指導原則。"樸"是老子道家的一個重要觀念。"道"就是"璞","璞"本身就是"樸"。沒有比無名的"道"更"樸"的東西」[1]。因此,"道"是最根本、最源始的"樸"的狀態,因為"樸"的狀態而具有"融合性"與"超越性"。"道"之"陰陽變易"的融合關係,在實踐範疇中即可創造出中國武術技能表現"意形"之"審美關係",在技能表現的過程中"意形"之"審美關係"將促使主體之"心意"與"身形"的融合升華為哲學化、美學化、藝術化的層次。

---

[1] 馮友蘭,《中國哲學史》(華東師範大學出版,2000),第 88 頁。

（二）異化範疇－“氣韻”之“審美關係”

「陰陽論認為，世間一切事物不屬陰則屬陽，而任何事物中又包含著“陰陽”；對立統一論認為一切事物都分為既對立又統一的兩個方面，在一定條件下，兩方面會互相轉化，從而改變事物的性質」[1]。「異化範疇指的是事物的負發展。事物的正負發展都是相對於事物自身而言的」[2]。武術的異化可以理解為武術的“反”的規律，武術的“反”的規律則著眼於“陰陽變易”的根源本質，也就是基於主體“人”之的“意識表現”，主體的“意識表現”是常處於變動規律中的現象，在中國武術技能表現時，此種變動就是一種“異化”，一種“反”的現象。研究中國武術之“氣韻”之“審美關係”，對於主體“意識表現”的變動或“陰陽變易”之“反”的規律的解析則是一項重要的任務。就“陰陽”而言，“陰陽變易”的發展必含有正發展與負發展這種“反”的規律，中國武術亦然。因此，我們應從哲學、美學、文化、藝術的視角來檢視“陰陽變易”與中國武術技能表現的“反”的規律，並了解其對中國武術的哲學美學的影響。中國武術技能表現的“異化”是一種必然性的存在，它由“陰陽變易”之“反”的衝突造成正負的發展，因此，在技能表現的審美過程中必須以絕然客觀的立場來面對異化的現象。總而言之，“異化”可視為“陰陽”中之“陰”，“陰”中必涵養“陽”，“陰”極則必“陽”生。技能表現過程中的“異化”，例如過度執著“虛實”的展現、拳法的“陰陽”運用反而無法真實完善地將“虛實陰陽”法則表現於武術之中。

---

[1] 周桂鈿，〈陰陽論－中國傳統哲學辯證法之一〉，《中國社會科學院研究生學報》5
期（1996），第 8-13 頁。
[2] 張衛民、王學雷，〈教育哲學基本問題討論〉，《山西大學學報哲學社會科學版》4
期（1998），第 101-104 頁。

面對種種中國武術技能表現的"異化"，若以正確觀念與態度處理，反可成為提升修正上的成效。這就是"陰陽變易"之"反"的規律、"異化範疇"，也因此，而發展出其藝術的、美學的、哲學的思維。也是如此"反"之"反"的循環規律，在中國武術技能表現的過程，形成了"氣韻"之"審美關係"。虛則必"反"之為實、剛則必"反"之為柔、動則必"反"之為靜、陰則必"反"之為陽，如此的"氣韻"之"審美關係"是武術技能藝術重要的、豐富的、廣闊的美學內涵，亦是中國武術技能表現最為重要的精神表現。

　　中國武術技能表現可能因學習拳種的不同，而導致"異化"干擾的情形。例如八卦掌走圈步法，當一位有長拳基礎的者，可能產生將長拳與八卦掌二者之步法互相混淆的情形，此即是異化現象的負發展。技能表現者應注意觀察自身的長拳基礎，再正確的透過融合關係以結合二者之不同。"陰陽變易"在中國武術技能表現中的"異化"，主要決定於作為主體的"人"的自我意識，由此決定性的產生正或負的發展，而不論是正或負的發展，其結果也必然性地又包含著正與負，或說包含著陰與陽，這就是"反"之"反"循環不止的時空流變。學者指出，自我意識活動作為直覺是一種絕對的綜合活動，這種活動包含有兩個既統一又對立的方面。實質上自我意識直覺的發展是一個不斷分化矛盾又不斷綜合矛盾的否定之否定過程[1]。中國武術技能表現的"異化範疇"蘊涵著巨大的空間性、創造性，武術技能藝術是一動能的藝術形態，不同於繪畫、雕刻等靜態作品的呈現，其技能表現過程中"異化"是不斷發生的，若技能表現者無法掌控此現象，

---

[1]王天成，〈西方辯證法與中國哲學精神的理論交滙點〉，《長白學刊》3 期（1995），第 19-23 頁。

則"陰陽變易"將被徹底二元的分化,無法藉由"陰陽"融合產生巨大的空間性與創造性。

第三節　現象學解析

"陰陽關係"之二氣形成之"時空"的概念,反映出中國武術之"氣化宇宙觀"與"循環變動觀",武術技能藝術就在"人"與"武術"二者之變動的互動關係中表現著"陰陽關係"的"氣化宇宙觀"與"循環變動觀",這是武術的藝術本質表現,它內化於表現者的"純粹意識"的"先驗範域"之中。「中國武術本質上是比較藝術的,方法上重直覺,身體觀上屬於身心合一,學習上藉由模仿帶來創造,結果的追求談境界、重體會、講內在超越。西方體育本質上比較科學,方法上重分析,身體觀是身心二分的,學習上遵循科學化的法則,結果追求談卓越、重競爭,講自我潛能的極至開發」[1]。中國武術技能表現如何於傳統文化與時代科學之間作出哲學美學的思辯,其"陰陽變易"之矛盾與化合、對立與統一的本質如何融合於時代的科學要求,中國武術文化所重視的境界與內在超越如何展現其科學過程,實是重要且極需研究分析的範疇。

胡塞爾認為,「為了使人們真正認識自己的自我,並進而從根本上認識生活世界和科學世界的一切成就是如何被"先驗自我"所構成的,就必須實行普遍的"終止判斷"」[2]。"終止判斷"為得是使主體的"直觀"顯現,也就是使主體從經驗性格的意識判斷引退至"先驗自我"的範域,逼顯"純粹意識"的"明證性",主體因此而擁有廣

---

[1] 劉一民,〈運動經驗的現象學考察－透過運動觀照生命本體〉,《臺灣師大體育研究》3期(1997),第83-100頁。

[2] 蘇宏斌,〈作為存在哲學的現象學－試論梅洛龐蒂的知覺現象學思想〉,《浙江社會科學》3期(2001),第87-92頁。

大不受侷限的 "直觀性"。杜夫海納指出:「物體本身是本來就有意義的,也就是說物體在被我們闡釋和構成意義之前,它自身就帶有自己的意義內涵了」[1];「形象 (the image) 自身是使對象被人們體驗的原始呈現,和使對象變成觀念的思維,這兩者之間的一個中項,使對象得以顯現,亦即使對象呈現為再現物,而想像則可說是連結了精神與身體」[2],因此想像在 "審美判斷" 的過程中,是使得對象得獲得美感經驗與美學結論的重要關鍵,但這是一連串錯綜複雜的知覺、想像、再現的聯系。一個武術表現者透過 "身體-主體[3]" 的反應過程,由內而外地呈現所謂剛柔、節奏、自然、虛實、意形、氣韻之美。這幾種美的體驗,不論在長拳、南拳、華拳或內家之太極拳、形意拳、八卦掌或各式各樣的兵器演練表現,都本質地透過 "身體-主體" 的知覺反應而快速地表現著這些 "美",同時主動必然地在主體的精神與身體的融合中,這些 "美" 先驗地、直觀地被體驗著、表現著。當 "美" 不斷地被主體體驗著的同時,想像力是不斷地增生的,而先前的想像結果則成為 "美" 的經驗知識。這 "美" 的經驗知識也是不斷促使想像力增生的元素,因此,想像力與經驗知識不斷交織衝擊,這是一種先驗的、直觀的審美過程或審美知覺,它將使得 "美" 趨向高質化的境界。當然就中國武術技能表現而言,要達到此種不斷增生 "美" 的境界的表現,首先得具有純熟地武術技能,缺乏這個前提,則無法進入高層次的 "審美感知"。

---

[1] Dufrenne, Mikel, (1973). *The Phenomenology of Aesthetic Experience*, trans. by Edward S. Casey, Northwestern University press. p336.

[2] Dufrenne, Mikel, (1973). *The Phenomenology of Aesthetic Experience*, trans. by Edward S. Casey, Northwestern University press. p345.

[3] "身體-主體",代表主體透過身體知覺克服自我和世界、身體和精神或種種存在認知之間的二元對立的思維,進而獲得主客統一的直觀思維。

　　想像力是"審美感知"的最重要關鍵，因為想像力是直觀地、本質地、先驗地"審美感知"，它可能性地避免了感官知覺下的不適當的"側面"，想像力透過了"身體－主體"的體驗而直接地迸發出來。因而想像力又創造了形象，這一形象是模糊性的、不明確的形象，它造就了"審美感知"的養分。杜夫海納認為：「形象是作為知覺對象的意義而存在的，與知覺對象一起被給予，而且存在於知覺對象之中」[1]。中國武術的表現重視感覺的真實，但更重視想像的真實，在程式化的技能基礎上，欲表現對"陰陽合一"的掌握，以確實表現剛柔、節奏、自然、虛實、意形、氣韻之美，就必須憑藉著主體的想像力來充實程式化的缺角。這種想像的真實具備了概括性與模糊性，主體的「審美知覺」運作了，在此"美"產生了。這種想像的"審美感知"主要源於人的歷史經驗與認識，它是現實性的模糊的組合，例如，對"陰陽合一"或剛柔、節奏、自然、虛實、意形、氣韻之美的想像，在武術技能上表現為現實的陰拳、陽掌、剛勁、柔勁、虛步、實攻、運氣、身韻等具體的動作形式上，但對此種特徵的想像卻是源於一種整體的、模糊的概念。李澤厚指出：「想像的真實，雖然脫離具體的感知，卻又仍然是現實生活的感受和人間世事的感情，所謂"情主景從"，便正因為是在這種情感支配下的想像」[2]。

　　中國武術到達了"美學"的層次，已是隨心隨意地想像，透過此想像來表現高層次的武術技能，例如形意拳或太極拳的高層次表現已有一定程度地遠離了原有程式化的套路架式，此時"美"已成為動詞，而非形容詞，例如"美太極拳"而非"太極拳美"，"審美感知"立於主動積極的立場，而非被動地被賦予某些"美"。這是想像

[1] Dufrenne, Mikel, （1973）. *The Phenomenology of Aesthetic Experience*, trans. by Edward S. Casey, Northwestern University press. p349.
[2] 李澤厚，《美學四講》（廣西師範大學出版社，2001），第 247 頁。

化後的藝術時空，充滿了情感與理智的完全融合，武術的基本技能與主體感知都在審美想像中被統一了。李澤厚指出：「重"想像的真實"大於"感知的真實"，不是輕視理知的認識因素，恰好相反，正因爲理解（認識）在暗中起著積礎作用，所以，虛擬才不覺假，暗示即許可爲真。因爲有理解作底子，想像才可以這樣自由而不必依靠知覺」[1]。胡塞爾的現象學講究"本質直觀"的還原方法，這是一種以人類歷史經驗爲基礎而自由自在的想像的動態歷程，人類的歷史經驗充滿著感性的思維經驗與理性判斷的知識。因此，在"本質直觀"的活動中，人們的知覺起著聯系歷史經驗與新興現象的作用，其知覺的起點能力就關乎著「審美知覺」之層次的不同。現象學的"本質直觀"就在這知覺層次的不同而有不同的結果產生。"審美"是一種高層次的運動，它必具備豐厚的基石方能自由自在地運用現象學「本質直觀」的方法來進行"審美"，這一高層次的"審美"活動並非把主體的知覺與知覺對象二元化的分開來，而是將之視爲一個整體不分割的現象而自由自在地透過想像來直觀其本質。這在中國武術的"審美"中，就如本章節所談及的"陰陽合一"或"天人合一"的融合美學現象，剛柔、節奏、自然、虛實、意形、氣韻之美也就在人類歷史經驗的基石上，透過中國武術之技能表現而自由的、自然的、自在的呈現出高層次的"審美"。Herbert Spiegelberg, 提出「被知覺的事物在它們真正的實在中呈現給我們的那種活動」[2]。

　　"審美感知"的自由想像或自由變更的直觀方法，有效地昇華了中國武術的"審美關係"、"審美意象"與"審美判斷"，更積極地突顯了中國"陰陽變易"哲學的本質性，更進一步地將它的本質性與

---

[1] 李澤厚，《美學四講》（廣西師範大學出版社，2001），第 248 頁。
[2] Herbert Spiegelberg, （1982）. *The phenomenological Movement*, Hague: Martinus Nijhoff. p116.

中國武術的美學內涵，有效地融合並提昇至高度的哲學層次。這樣地自由想像的直觀，就武術拳法而言，就是所謂的"隨心隨意"，因"隨心隨意"而忘卻拳法套路本身的侷限性，而能自由地變更其形式，這也就是為什麼武術修為高深者的技能表現中，其基礎的拳法形式已被式微的緣故了，這也是"拳到無心方為真"的藝術與武學內涵了。胡塞爾指出，「我們自由地、任意地創造變項，這些變項中的每一個以及整個變化的過程本身，就都是以"隨意"的主觀體驗的方式出現。然後會表明，在這種連續形象的多樣性中貫穿著一個統一，即在對一個原初圖象，例如一個事物的這種自由變更中，必然有一個常項作為必然的一般形式保留下來。這種形式在隨意的變更活動中呈現出自身是一個絕對同一的內涵，一個不變的，使所有變項得以一致的某物，一個一般本質」[1]。現象學的這種自由的想像或自由的變更，為的就是要使得主體的"審美感知"不被知識、經驗所羈絆，達到極度開闊寬廣的時空意境，如此的時空意境藉由主體的想像而產生於主體的心理上，同時作用於主體的身體表現，所以，武術的高層次的剛柔、節奏、自然、虛實、意形、氣韻之美都將被統一起來，這就是"道"的真實內涵或境界了。這種"隨意"的"本質直觀"法對中國武術技法之修煉入"道"的過程有著實質的價值，唯此法並不容易理解與應用，它與中國傳統哲學之"道"一樣，有著太大的模糊性，不過這也就是中國武術能有高度的哲學層次的"美學內涵"的原因了。做為一個中國武術的修煉者，除了在技法程式化的不斷練習之外，更應由內而外、由心而身地不斷進行直觀體驗，由內涵的昇華引導技法的純粹品質的煉昇，以致能有"道"之高層次的"美學表現"。

---

[1] 胡塞爾，《現象學的方法》（上海譯文出版社（倪梁康譯），1994），第217頁。

第四節　本章小結

一、“陰陽變易”的“對立、衍生、融合”等關係形成了中國武術“本質範疇”上直觀性的“審美關係”。

　　“陰陽變易”蘊涵著“對立、衍生、融合”的關係，這三種關係是變動性的存在結構，它表徵著宇宙間的“本質範疇”，也表徵著“道”的本質範疇。中國武術在功法、套路、格鬥上被“陰陽關係”深化著，因此，“陰陽關係”之“對立、衍生、融合”就形成了中國武術直觀上的“審美關係”。“審美關係”在“陰陽關係”之“虛實動靜”、“主體意識”、“超越有無”之體現，以主體“純粹意識”為主導作用，在“純粹意識”的“先驗範域”中引發虛實相生互轉，達到“時空”有無的“超越”，其“審美關係”貫穿了整個“審美”活動，包括“審美感知”、“審美意象”與“審美判斷”的“審美”序列的過程。“陰陽變易”之“對立、衍生、融合”的關係，形成了中國武術哲學美學的基石，由這些“審美關係”引動著在“身體－主體”的“存在之性”的“審美感知”、“審美意象”與“審美判斷”的直觀發生，這是無經驗意識地、自然自主地發生著“審美”活動。這樣的“審美”結果是“渾沌性”與“純粹性”的，是在“本質範疇”上發生的種種可能性，它並不是預先得知的，而是超感的反應與純粹感性的結果。此一直觀性的“審美關係”亦符合於“道”的“本質範疇”。

二、在直觀的“審美關係”中，蘊涵著屬於中國武術“本質範疇”之美。

　　"陰陽關係"所蘊涵的種種現象，均可視爲一種價值範疇，必須
透過哲學的系統方法加以解析，以提煉出蘊藏於武術技能藝術中之本
質性、直觀性的"美學內涵"。這一哲學思辯，由"陰陽變易"哲學
之"矛盾、規律、存在、認識、實踐、異化"等範疇，探討中國傳統
文化之"陰陽變易"與時代需求之"武術技能藝術"之間的矛盾與統
一，提煉出在其中的"審美關係"，進而反映著關於"剛柔與審
美"、"節奏與審美"、"自然與審美"、"虛實與審美"、"意形
與審美"與"氣韻與審美"等"本質範疇"之美的存在。主體在上述
"陰陽"之"審美關係"所產生的感性的"時空"中進行著"審美"
的過程。主體在直觀的"時空"中形成的超感氛圍中，實現"審美"的
最高想像與體驗，即在精神或心靈層次突破現實"時空"的限制，於有
限中取無限，於瞬間得永恒。"時空"超感形態的變化，本質上是"陰
陽"化合的結果。"陰陽關係"之二氣是由"一元"之"氣"或"太
極"生成的。"空間"是客觀世界與主體互動生命的存在根源；"時
間"則是二者互動生命的延續與發展。"生命"體現於"生死"、"剛
柔"、"有無"、"虛實"、"動靜"，但最終都統一於主體與客體變
動的互動之"氣"。"陰陽之氣"構成了宇宙生命的"時空"，本質
上體現了宇宙之"道"的"直觀性渾沌"。"陰陽二氣"之用，統一了
主客體互動生命的"時空"。主體在"時空"中的"審美感知"，由
"感知"到"心"到"氣"，而引動了在"本質範疇"上"審美關係"
的"超越"與"融合"的境界。審美的"時空"由"陰陽關係"構成了
主客體的"現實審美時空"與"心理審美時空"的渾然合一，這是"陰
陽關係"的高度"融合"。

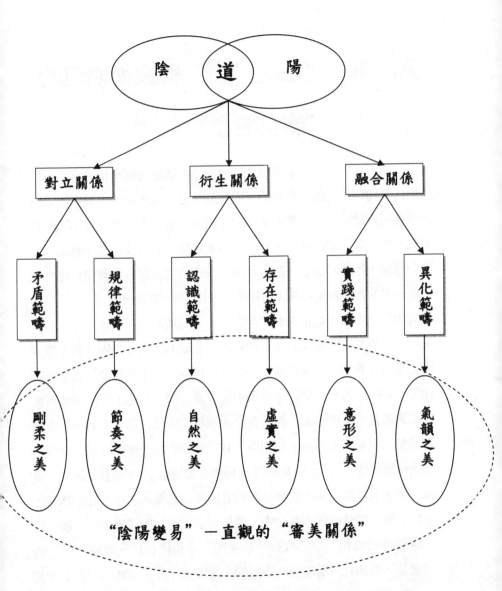

圖（四）中國武術之哲學美學與「陰陽變易」關係、價值之關係圖

第四章　老莊之"道"與武術表現的 "審美意象"

　　"審美意象"，是主體感性想像的心意狀態的物象化，它並不是具體的實物形象，而是模糊的意向狀態，是「人在頭腦中將對象的感性形象同自己的情意狀態相融合而形成的心象。是"審美感知"的物象同主體審美情意的統一。形成"審美意象"的心理因素有感知、思維、想像、聯想和情感。藝術家運用一定的物質材料和藝術技巧使自己頭腦中的審美意象物態化，就產生供他人審美的藝術形象」[1]。"審美意象"是由主體最根源的"存在之性"的純粹的"審美感知"而產生的，二者都是藝術"審美"活動不能或缺的元素。德國著名哲學家康德是這樣界定"審美意象"的：「我所說的"審美意象"就是由想像力所形成的那種表象。它能夠引起許多思想，然而，却不可能有任何明確的思想，即概念，與之完全相適應。因此，語言不能充分表達它，使之完全令人理解。很明顯，它是和理性觀念相對立的。理性觀念是一種概念，沒有任何的直覺能夠與之相適應」[2]。也就是說，"審美意象"是純粹直覺、純粹直觀的意向性的想像，它自然且必然地存在於"人"的最根源本性之中，就如老子"道"的"意象"一般，是"直覺性的模糊"或"直觀性的渾沌"，也因如此，才使"道"的"意象"有如此廣闊的空間與時間。實際上，就是這樣的"直觀性的

---

[1] 《哲學小辭典》（上海辭書出版社，2002），第 310 頁。
[2] 蔣孔陽譯，《判斷力批判》（商務印書館，1980），第 113 頁。

渾沌"的"道"的"意象"才使得"身體－主體"的"審美意象"超
越了空間與時間的概念的。也因如此，"美學"才能被創造、被發展
而成爲一門深奧的學問。"直覺性的模糊"或"直觀性的渾沌"是主
體想像力的結果，對於"道"進行了深廣且強力的想像，創造了
"道"的渾沌性。康德認爲，「想像力是強有力地從真的自然所提供
給它的素材裡創造出像似另一個自然來」[1]，"道"是從自然環境中的
種種現象領悟而得出的另一個自然，這另一個自然是一種主客體間變
動的互動關係，它存在於真的自然之中，只是它隱而不顯，常人無法
自覺體悟，所以老子以"道"代言之。"道"是主體"直觀性的渾
沌"的一種想像力，想像力是主體創造另一自然或創生新的"審美意
象"的能力，它必須是不被經驗意識所帶領的能力，它是先驗的主體
自然的機能，無預設或無意識的與主體"存在之性"的感性與知性相
協調著，進而對各種對象或符號發生著"直觀性渾沌"的"意象"。
康德認爲，「想像力在一種我們完全不了解的方式內，不僅是能夠把
許久以前的概念的符號偶然地召喚回來，而且從各種的或同一種的難
以計數的對象中把對象的形象或形態再生產出來」[2]；「想像力在它自
由中喚醒著悟性，而悟性沒有概念地把想像力置於一合於規則的遊動
之中，這時表象傳達著自己，不作爲思想，而作爲"心意"的一個合
於目的狀態的內裡的情感」[3]。"道"就是作爲一種合於自然法則的遊
動或變動狀態，對於"道"的掌握是中國武術修練的最高指導原則，
武術表現透過種種不同的技法尋求著與自然（天）的融合，透過主體
對"道"的"意象"，將自然（天）與自我在這"意象"所創造的另
一自然中給融合了。這就是老莊哲學的終極訴求。

---

[1] 宗白華譯，《判斷力批判-上卷》（商務印書館，1964），第160頁。
[2] 宗白華譯，《判斷力批判-上卷》（商務印書館，1964），第39頁。
[3] 宗白華譯，《判斷力批判-上卷》（商務印書館，1964），第140頁。

　　老莊哲學所完成的最終極概念就是“道”，“道”有著道路、方向、規律、本質、源頭的內涵意義，老莊之“道”的宗旨在於使人與自然、人與社會、人與自我完成極致和諧的“常樂妙美”之境。所以老莊之“道”實質隱含著人生價值論的美學內涵，也可以說是具有豐富的“藝術精神”。老莊“道之美”的實質內涵，乃在於“一、忘、虛、靜”等範疇上，莊子云：

　　天地有大美而不言，四時有明法而不議，萬物有成理而不說[1]。

　　這即是說明“美”是無言的，就如同“道”不可言一般，因此，對於“美”的真實掌握，就必須由“道”的實質內涵切入，採取一種直觀無礙的“審美”，自然的、自由的、自主的對於事物進行“審美”。老莊的“美學內涵”是建立在心靈層次的自由解放，以純粹知覺爲本質而不受任何欲望或知識的影響，在人性的角度上促使心境致極的自由，愈自由就愈能享受“審美”的觀照，“審美意象”就如“道”般地自然發生。自由能在人的心靈上產生美的意境，這是境外之意、象外之象的“審美意象”。武術技能透過人體的生理與心理功能的交互作用而得以表現，此表現的內涵蘊藏著主體想像意境的美，武術的“美學內涵”也就蘊藏在主體想像的“審美意象”之中，唯此“審美意象”想像的真實呈現有著本質性與經驗性的區別，前者是本質的真實呈現，後者則加入了經驗意識的影響。老莊“道之美”的實質內涵－“一、忘、虛、靜”的思想，就在於促使主體透過內觀的過程，而將經驗意識剝離，直觀自身與事物的本質性。胡經之提到：「意境的審美本質藏在意境自身之中，而意境的謎底就在於尋求作爲過程的人生的意義和作爲永恆的宇宙根據。這一結合是基於人生哲思的衝動，………創造意境的過程就是一種由形入神，由物會心，由景

---

[1] 《莊子》（智揚出版社，1993），第 341 頁。

至境，由情至靈，由物至天，由天而悟的心靈感悟和生命超越過程，這是一個變有限爲無限、化瞬間爲永恒、化實景爲虛境的過程，一個個人心靈與人類歷史溝通的過程」[1]。意境的創造同時也產生了審美的體驗、直覺、想像，這一"審美意象"的發生過程是不確定性的恍惚或渾沌，如老子所云：

無狀之狀，無物之象，是謂惚恍（十四章）[2]。

其"審美意象"中的想像是不具體的形狀或形式，有著極模糊的空間，依靠主體的"審美感知"或"審美體驗"產生所謂的"美學內涵"，這一"美學內涵"就構成了主體與客體，人與天的結合。這一結合是混沌且恍惚的，"道之美"就在其中，或說這是"道"的現象。老子云：

道之爲物，惟恍惟惚。惚兮恍兮，其中有象。恍兮惚兮，其中有物。（二十一章）。大象無形，道隱無名（四十一章）[3]。

"道"無名，"象"無形，是指宇宙間的最終極的現象，這是宇宙間的規律或法則，"道"的真實涵義是無法給予一個固定的名稱的，"象"無形，是指"道"的真實形象亦無法給予一個具體可見的形象，因此，是謂無形。若"道"可名，"道"有形，那就有所侷限性，就無法由"道"生一，而生萬物或萬法了。因此，由"道"衍生的"審美意象"應是符合"道"的本質現象，它是自然自主的節奏現象、真無妙有的氣韻表現、益損似水的剛與柔之互動、反之反反的虛中實、實中虛。這些"道"的本質現象，必須在主體直觀的"審美意象"中才能被想像而獲致，離開了直觀的"審美意象"，則"道"的

---

[1] 胡經之，《文藝美學》（北京大學出版社，2003），第 266 頁。

[2] 余培林，《老子》（台北：時報文化出版，1987）。

[3] 余培林，《老子》（台北：時報文化出版，1987）。

本質現象會產生變異的情形，而無法真實地掌握其"道之美"的本質性、先驗性。

老子哲學—"道"的"自然思維"、"有無思維"、"益損思維"與"反之思維"提供傳統文化的思維與價值。在現今中國武術技能表現以藝術化、美學化的表現爲核心之意識更爲高漲的時代，老子哲學爲我們在傳統文化與時代需求之間，對於中國武術哲學美學做出更符合自然的藝術化與美學化的哲學思維。本章旨在探討老莊"道"哲學與中國武術哲學美學之關係，諸如由老子思維中提煉了"自然自主－節奏美"、"真無妙有－氣韻美"、"益損似水－剛柔美"與"反之反反－虛實美"等，再由莊子之"心齋"與"坐忘"分析"道"之"美學內涵"的廣大與博深之境。"自然自主－節奏美"體現中國武術技能表現之自然、自主、自由生態；"真無妙有－氣韻美"體現中國武術技能表現之意境情感與技能形態融合的藝術與美學張力；"益損似水－剛柔美"倡導以柔導剛，柔中蘊剛、剛中含柔、剛柔並濟之中國武術技能表現藝術；"反之反反－虛實美"重視"道"之"陰陽"雙重現象，注重技能表現中之虛實轉化、虛實合一、虛實效應、成效等"道"之"反之反反"的循環規律。莊子之"心齋"與"坐忘"告知人們如何透過身心"虛靜"的修練過程，而使主體的身與心同宇宙自然之本質融合，促使主體在自然環境與社會環境的生存中，能不斷地超越侷限性的思維，以獲致身心絕然的自在自主。中國傳統文化歷經久遠的歷史流變，至今仍屹立不搖，實有其巨大價值，中國武術技能表現本應崇尚自然，促使自然的人性適性發展，因此，中國武術不應脫離"道法自然[1]"的哲學美學意境。

---

[1] "道法自然"認爲"道"雖生長萬物，却是無目的、無意識的，它"生而不有，爲而不恃，長而不宰"，即不把萬物據爲己有，不誇耀自己的功勞，不主宰和支配萬物，而是聽任萬物自然而然地發展。否定宇宙間有意志的主宰，但又由此提出"輔

第一節 老子之"道"的"審美意象"

一、老子"道"之"自然"的"審美意象"

（一）自然思維

「在認識論上，老子的思想則主要是唯心主義的」[1]。「老子思想雖以"道"爲基礎，但是他的思想精神却在"自然"兩個字。他的人生哲學、政治思想固然以自然爲宗，他的宇宙論也以自然爲法」[2]。"自然"與"道"，也就是說世間的唯一法則或唯一原理。那麼世間的唯一法則是什麼？老子認爲是"道"，也就是"變動"。大到宇宙空間的現象，小到一微塵粒子，都離不開變動的法則，世界上種種事物現象亦是在此變動法則之中發生作用的。就整個世間來講，眾事物的變動（運動）是恒常存在的，是恒古不變的法則，也就是老子認爲的"道"，它無具體形象可見聞，亦不可名之，然却客觀存在於世間，是無所不在，無所不包的法則。馮友蘭認爲：「"形象之內"的一切事物，都有名；或者至少是有可能有名。它們都是"有名"。但是老子講到與"有名"相對的"無名"。並不是"超乎形象"的一切事物，都是"無名"。例如共相是超乎形象的，但是並非"無名"。不過另一方面，無名者都一定超乎形象。道家的"道"就是這種無名的概念」[3]。

萬物之自然而不敢爲"的主張，否定一切人爲。《哲學小辭典》（上海辭書出版社，2002），第121頁。

[1] 許抗生，《老子研究》（台北：水牛圖書出版，1993）。

[2] 余培林，《老子》（台北：時報文化出版，1987）。

[3] 馮友蘭，《中國哲學史》（華東師範大學出版，2000），第82頁。

《老子》人法地，地法天，天法道，道法自然（二十五章），道常無為，而無不為（三十七章）[1]。

主要意謂，凡事皆應順應自然法則，不可強為，此自然法則就是"道"，也就是"變動"，這當中就隱涵著"變動"的根源，即是"陰陽變易"之理。所謂自然法則即包含了事物、時間與空間統整之內在規律，故而言之，事物現象的本質理應順此內在規律而行之，就是"道"之完善；亦是無為無不為的哲學思維，中國武術受此無為無不為的思想影響頗深，正如太極拳修煉至極，即不行於各種樣板之套路形式，而隨心隨意行之，太極之理蘊涵於心中，拳到意到，意行即拳行，這亦是中國武術展現"道"之完善的一種技能表現或藝術表現。老子主張「自然無為」的修煉哲學，倡導"自覺、妙悟、轉化"的修煉方法，崇尚"超然自在"的身心靈境界。老子"道"的自然，表徵出"無為"、"無不為"之"道"的無爭隨順因緣的思維。因此，中國武術技能表現的基石必然的、自然的應掌握"道"的規律，其哲學美學表現與主體的"審美意象"也就在此"道"之中，故中國武術的"美學內涵"必然由哲學美學的"審美意象"產生。確實的、超然自在的使中國武術之技能表現行於此"道"之中，創造豐富多元的藝術價值與哲學美學價值，使其價值在自然而然的變動規律中超然自在的存在。

（二）"自然自主－節奏美"之"審美意象"

學者指出，「傳統氣化宇宙觀認為，天地萬物都是由陰陽二氣化生而成，都是一種積氣。而陰陽二氣的生生不已，便織成了生命的節奏。整個生命的內在機能，都是由節奏維持的。人的生命的內在節

---

[1]余培林，《老子》（台北：時報文化出版，1987）。

奏，與宇宙的外在節奏，是契合一致的」[1]。中國武術技能表現的自然化、自由化、自主化，意謂其技能表現應注重把握自然的、與外在節奏契合的節奏韻律，過份刻意的注重節奏展現而造成顧此失彼的效應，是無法真實體現中國武術技能表現的自然節奏美，亦違背了"道法自然"的法則。中國武術技能表現應創造如：

《老子》道生一，一生二，二生三，三生萬物（四十二章）[2]。

其自然性、自在性、自主性的技能與意境的綜合表現，使中國武術技能表現能回歸本源之根。

《老子》夫物芸芸，各復歸其根。歸根曰靜，是謂復命，復命曰常，知常曰明（十六章）[3]。

主體從枝葉般的經驗意識引退，歸根入"道"的本質性範域，創生多元的中國武術"美學內涵"之"道法自然"的生態規律，掌握虛實相生反動的現象，對於武術之剛柔節律運用自在自得，透過武術表現以展現主體生命的感性形態。學者云，「生命的感性形態，通過虛實相生體現出生命運動的節奏。其中以實為體，以虛為用，從而使靈氣往來，充滿生機」[4]。就如萬事萬物有眾多的美的現象，但都有其最初之根源所在，它就是"靜"與"動"，"靜"與"動"就是本性，本性就是自然，知其自然則知"道"，知"道"則可以創生一切美學現象。在良好的自然的中國武術哲學美學的意境生態中，技能表現者自然的、自由的、自主的感覺"陰陽變易"、"道法自然"、"節奏順暢"、"節奏分明"的"內在主動性"與"超越創造性"，技能表

---

[1]朱志榮，《中國藝術哲學》（東北師範大學出版社，青年美學博士文庫，1998），第104頁。

[2]余培林，《老子》（台北：時報文化出版，1987）。

[3]余培林，《老子》（台北：時報文化出版，1987）。

[4]朱志榮，《中國藝術哲學》（東北師範大學出版社，青年美學博士文庫，1998），第104頁。

現者在主體與環境融合的彼此互惠中，獲得中國武術技能表現活動的
滿足感與成就感，這是基於“人”之“存在之性”進而融合客體對象
“武術”，升華主體的“無象之象”之“審美意象”的哲學美學境地
－“道”。

　　「“道”有內在和超越二種性質，它內在於萬物而發揮作用，將
“道”視爲終極實體的觀點，突顯其獨立於萬物以及並非內在的經驗
內容，於是產生超越的概念」[1]。中國武術哲學美學生態的創造應建立
在中國武術技能表現與哲學美學判斷的變動規律上。萬事萬物的變動
規律，是恆古不變的法則，也是老子之“道”的展現之一，中國武術
哲學美學生態應是自然而然的、自由自在的，掌握並體現其的本質與
規律，這不是通過一般的言說或教育可以傳達的，必須藉助主體自身
在朝向“道”的過程中的行爲或作爲來體認，正如：

　　　《老子》行不言教（二章）[2]。

　　哲學美學的判斷亦不應有“教”在其先而爲引導其判斷，如此，
將落入人工化的限定的生態，將使中國武術哲學美學的生態違反了
“道法自然”的法則，應如“行不言教”之直覺的、直觀的進行審美
判斷。“道”本身是自然而然的，以自然爲自身行爲的根本法則。學
者云，「“道法自然”是說“道”以自然爲歸屬或本性，它既沒有爲
什麼，也不存在爲什麼，一切都是自自然然，法爾如是的」[3]。在中國
武術技能表現中，應順其“道法自然”規律，以“道法自然”的直觀
思維來面對武術表現之“陰陽變易”、“自然節奏”的掌握，創造
“道之美”的武術技能藝術，一切功成皆自然也。

---

[1]黃裕宜，《老子自然思想的考察》（國立臺灣大學哲學研究所碩士論文，2000）。
[2]余培林，《老子》（台北：時報文化出版，1987）。
[3]陳大明，〈論老子“恒道”思想的現代意義〉，《學習論壇》6期（2002），第28-
　30頁。

《老子》功成、事遂，百姓皆謂，我自然（十七章）[1]。

因此，中國武術技能表現應由觀念開始改造，一切順應身體－主體之自然性，以武術技法爲基礎，由心而意，意導身行，進而使得武術技能表現能符合並創造自然而然、自由自主的美學觀念。透過此美學觀念產生本質性的"審美意象"效應，一切武術技法的節奏合乎表現者之身體－主體的自然狀態，自然可功成、事遂，一切自然不僞，於中國武術技能表現中體現"自然自主－節奏美"。

二、"道"之"有無"的"審美意象"

（一）有無思維

"有"與"無"的探索是哲學的重大工程，也是人們不斷思索並難以確實掌握的論題。"有"與"無"在中國傳統哲學中是一個重要的論題，也是"陰陽變易"哲學與老子之"道"哲學探究的重要論題，它表徵著"道"的深奧與微妙。

《老子》天下萬物生於有，有生於無（四十章）[2]。

老子認爲在世界本源"道"即絕對的"無"的那個世界裡，是根本不存在任何對立的，在那裡一切對立都泯滅了[3]。亦即是說在"道"之中，"陰陽"二元是不分對立的，是融合爲一體的，甚至說根本無"一體"可言之，"道"的境界或世界裡，是一種時間與空間的"無"的存在；"無"也是一種存在，並不代表存在就是"有"。"無"的非侷限性、非經驗性，"無"的直觀性、先驗性的範域是不可思維限量的，如此才能容納與創生萬物。

---

[1] 余培林，《老子》（台北：時報文化出版，1987）。
[2] 余培林，《老子》（台北：時報文化出版，1987）。
[3] 許抗生，《老子研究》（台北：水牛圖書出版，1993）。

無，名天地之始；有，名萬物之母。故常無，欲以觀其妙；常有，欲以觀其徼。此兩者，同出而異名，同謂之玄。玄之又玄，眾妙之門（一章）[1]。

關於"無"之現象：

《老子》三十幅共一轂，當其無，有車之用。埏埴以為器，當其無，有器之用。鑿戶牖以為室，當其無，有室之用。故有之以為利，無之以為用（十一章）[2]。

眾事物（有）之功能得自本體之道（無），亦可說因本體之道使其功能之彰顯。

《老子》無有，入於無間；吾是以知無為之有益也。不言之教，無為之益，天下希能及之矣（四十三章）[3]。

「潛在力量化為無限的包容，正是"無"的精神所在。如果從人性的角度來看，"無"的境界則可顯現人的包容力，此乃老子思想的可貴之處」[4]。當然，對於"有"與"無"而言，這僅是對世間常見事物的一種描述例證，仍必須由此入門而作更深層的思索方能觸及關於"有"與"無"的"妙悟"體驗。"無"的體驗並不是"沒有"之意，而是"無限"之意，對於哲學美學之思維而言，"無"的啟發在於不僵化、不固執，面對多元變化的技能表現，應採取無限廣度與深度的哲學美學觀點，應用無設限的審美方法，本質式的、直覺式的進行哲學美學的判斷。而不以僵化思維之設限進行對中國武術技能表現的審美判斷。如此，涵藏中國傳統哲學血脈之中國武術才能應變快速

---

[1] 余培林，《老子》（台北：時報文化出版，1987）。
[2] 余培林，《老子》（台北：時報文化出版，1987）。
[3] 余培林，《老子》（台北：時報文化出版，1987）。
[4] 張耀宗，〈老子思想對教育的啟示〉，《教育資料與研究》28期（1999），第60-65頁。

時代的哲學美學判斷的要求，中國武術的哲學美學體系才能如實不離傳統且創新的發展。學者云，「經由"有"與"無"之間的反覆辯證，顯露出掌握「無」的境界之重要性」[1]。"有"與"無"的正確且深入的認識，在中國武術技能表現而言，可以完整地、本質地詮釋其外在技能的表現與內在意境的表現之相應、相合之現象，亦可說中國武術技能表現內在的"意"與外在的"形"所創造的一種獨特的"氣韻美"。

（二）"真無妙有－氣韻美"之"審美意象"

「形象思維是通過把握客觀事物的形象，依靠對形象材料的意識領會，顯現出客觀事物的本質、規律及內部聯繫的思維」[2]。中國武術技能表現往往比較重視技能、技術的層面，關於技能表現者內在意境之思維層面則多所忽略，因此，武術技能表現的"審美意象"容易形成刻板的、制式的"經驗意識"而非"純粹意識[3]"的判斷模式，這種制式的"經驗意識"而非"純粹意識"的判斷模式，減弱了中國武術技能表現之"審美意象"中的直觀性與超越性。在"真無"的"審美意象"範域中，"純粹意識"起了必然的活動，不受任何的干擾，具備了極致的超越內涵，我們可稱之為**「活動義的超越主體性」**。在這"真無"的"審美意象"範域中，超越了時空的原有自主、自由、自然的本質與似無似有的主體性，"審美"如"道"自然的存在與作

---

[1] 張耀宗，〈老子思想對教育的啟示〉，《教育資料與研究》28 期（1999），第 60-65 頁。

[2] 謝清果，〈老子形象思維及其現代價值〉，《福建師範大學學報哲學社會科學版》1 期（2002），第 28-33 頁。

[3] 同 "純粹自我" 的意識。指經過現象學的還原後剩餘下來的那個不可歸約的主體。這是一片絕對、純粹意識的領域。它包含著意向活動和意向對象構成的意向結構。"純粹自我" 是對具有這種意向結構的 "純粹意識" 的統稱。《哲學小辭典》（上海辭書出版社，2002），第 226 頁。

用。武術技能藝術之"審美意象"應進行形象思維的反思，中國武術技能表現活動的本質是否在制式的"審美意象"當中逐漸消失了。汲取老子形象思維精髓，從哲學的高度培養"審美意象"的形象思維能力。在中國武術技能表現過程中，「審美判斷」者著重把形象思維和抽象思維有機結合起來，這樣武術表現之"審美意象"就能結合"道"、"陰陽變易"之多元生動、技能與意境合一之情景交融，情思意境與技能表現相結合，"審美意象"的思維積極性就能調動起來，對於陰陽節奏與韻律的領悟則較可能深入其本質性。武術表現透過陰陽節奏的基本構成了整體呈現的"韻"，"韻"的表現則主要在於表現者自身對"氣"的掌握，因此，"氣韻"在整個技能藝術表現的過程中，是此藝術的生命靈體。

　　技能藝術表現中，應"氣"中有"韻"，"韻"中有"氣"，二者相輔相成，透過對老子之"有"與"無"之哲學概念的深入體悟，表現者方能確實掌握中國武術哲學美學之「真無妙有－氣韻美」的表現，通過對"真無"的"審美意象"以表現出武術技能藝術的生命靈性－"氣韻生動"。學者云，「在藝術生命的整體中，韻作為生命的靈性，行於生命的本體之上。生命本體既是一種積氣，韻自然也就行乎其間。氣是韻之體，韻是氣之用。只有氣中有韻，有氣韻，才能生動，才能體現出藝術生命的內在風神」[1]。武術表現之"氣韻美"首先主體得有一定程度的技法基礎，同時具備一定程度的"審美意象"能力，方能進行符合於"道"或"陰陽變易"之"審美判斷"，進而真確地掌握住武術本質的美學"氣韻"的內涵，這也同時體現了"道之美"及"真無"的思辨內涵。具備了形象思維能力，透過想像力的作

---

[1] 朱志榮，《中國藝術哲學》（東北師範大學出版社，青年美學博士文庫，1998），第106頁。

用，彌補了武術技法之制式規範的缺失，同時想像力的作用使得技法規律得全面性地被掌握並表現。例如：八卦掌之技法規律要求，梢擰根定，三空三平；一意五勁，擺扣成圓；滾鑽爭裹，逐節轉旋；以動爲本，以變爲法[1]。其中三空三平要求肩平、跨平、腳平，若武術表現時刻意地欲表現三平，則可能導致平而不順，平而不圓的錯誤。另外，一意五勁或以動爲本、以變爲法等技法規律，都得透過相當層次的形象思維能力，方能徹致地掌握它。這些歸根究底，都必須「回到事物本身」去，武術修煉者除了技法鍛練之外，更應鍛練 "本質直觀" 的能力，訓練出徹底地掌握 "純粹意識" 中之 "審美意象" 的能力，以對自身的身心靈與武術技法能有 "純粹直觀" 的 "審美判斷" ，武術表現的 "氣韻美" 方能 "真無妙有" 。

中國武術技能表現首重表現者身手矯健、技能純熟、意形合一、氣韻如道的形象思維，促使技能表現者內心產生 "道法自然" 、 "陰陽變易" 的內在意境，在 "無" 的時空範域中，滋養天地人融合的內在意識情感，創造 "妙有" 的蘊函豐富內在情感的技能表現，展現中國武術技能的 "氣韻美" ，如此的 "氣韻美" 得配合正確的中國武術 "審美意象" 。 "審美判斷" 源自於主體的 "審美意象" ， "審美意象" 是技能藝術表現中呈現主體的心靈 "純粹意識" 的重要媒介，它具備了人的最源始的本質性。學者指出，「在藝術生命的創造中，主體不但感悟物態的節奏和韻律，而且反求諸己，對主體情感的節奏與韻律進行反省」[2]。因此， "審美意象" 中之 "道之美" 的形象思維中的引導成爲在 "審美判斷" 前之重要前題，能不斷地反求諸己，將自己回歸至心靈的最源始範域，才能真實掌握中國武術技能表現之

---

[1] 康戈武，《中國武術實用大全》（五洲出版社，2000），第 82-84 頁。
[2] 朱志榮，《中國藝術哲學》（東北師範大學出版社，青年美學博士文庫，1998），
第 109 頁。

"有"與"無"、"氣"與"韻"。例如一個貼地之掃腿動作與一個騰空旋風腿的"氣韻美"雖因動作不同而表現不同,表現者的內在似有似無的意境,由心意而身行,透過腿法的技能表現而得以體現,二者所表現之"氣韻美"因意境不同而有所不同的。在掃腿或旋風腿的動作展現過程中,除了外在技能形象的觀察外,對於技能表現者呼吸之"氣"的運用、神韻的掌握亦應由主體的"純粹意識"的"審美意象"中直觀地發生。

主體若能不斷地回歸至心靈最深處的本質範域,對於"審美意象"的產生才能獲致自然自在自得的現象或效應,此時"氣"則通暢於主客體之互動關係之間,"韻"也就自然自在自得的被呈現,這些都基於主體心靈最深處的本質範域的必然性,它是主體理性與感性的綜合,它能使主體的"審美意象"具備了廣闊不侷限的創造性與獨特性。如學者指出,「情感的節奏與韻律不僅是感物而發,成為情趣的附庸,而且使得審美意象體現出主體心靈的獨特性和創造性。其創造性之於生命的感性形式,可點鐵成金,體現出藝術家獨具匠心的心靈妙運能力」[1]。武術這一技能藝術的表現者,在整個動態運動的過程中,對於"氣"的運用是重要關鍵的,不急不徐、氣沉力穩,速則如風、定則如山,一切來自於主體之身與心的共同運作。"氣"的正確運用是中國武術相當重視的一種功夫,"氣"的概念是具有相當程度的模糊性,它與"道"、"陰陽變易"之模糊概念相似,對"氣"的掌握於生理上可云之為"呼吸",於心理上可云之為"想像"或"心意",但一般知覺下的"想像"或"心意"容易被理智的、經驗的習慣所羈絆,因此,必須將這些理智的、經驗的意識排除,以"本質直

---

[1] 朱志榮,《中國藝術哲學》(東北師範大學出版社,青年美學博士文庫,1998),第109頁。

觀"的"審美意象"進行對"氣"的掌握，方能表現相當特殊之"真無妙有－氣韻美"。

三、"道"之"益損"的"審美意象"

（一）益損思維

"陰陽變易"哲學中隱涵著原理、法則、規律與方法論，"益"與"損"即是其中之一。"益"與"損"是"道"的二種運動形式，亦就是"陰陽變易"之自然的、必然的法則所衍生而出的形式，二者之間的互動展現出"道"之形式與規律，表彰出"學"與"道"在方向與方法上的差異。

《老子》為學日益，為道日損。損之又損，以至於無為。無為而無不為（四十八章）[1]。

「從事於"道"的人，則應越來越減少自己的智慧與情欲，達到"無知、無為"的地步，才能把握"道"。這是一種"負"的認識方法[2]。「益、損」互動觀中，最引起人們關注與爭辯的是老子對於「學」的態度」[3]。對於尚學者，猶如上山，每日增益；對於學道者，猶如下山，每日損減，去撫存菁。"益"與"損"二者所指的是知識與欲望，人的欲望隨著知識的增長而增加，欲望增加則煩惱亦增加，而知識並不足以解決其增加的煩惱。為道日損，意謂將知識升華，轉識成智，透過智慧減損煩惱。關於"道"之修煉的障礙，正是老子所謂的"學"，人們因為學會判斷、學會應用經驗、學會種種知識或技

---

[1]余培林，《老子》（台北：時報文化出版，1987）。
[2]許抗生，《老子研究》（台北：水牛圖書出版，1993）。
[3]郭梨華，〈老子中的損、益說〉，《世界中國哲學學報》5卷（2001），第3-15頁。

能，進而也限定了人們思維的範圍，同時，也窄化了人們對"道"的體驗。"益"與"損"應用於中國武術哲學美學的詮釋，是一種循環的必然作用，在此循環之中對主體哲學美學的觀念、體驗、反應等發生了"益"與"損"的作用，同時"益"與"損"的思維概念，也造就了主體對"道"的意象，進而影響了主體的"審美意象"。關於哲學美學判斷的知識，既要如"學"般的增益，亦得如"道"般的減損，在一增益一減損的循環過程中，使主體的"審美意象"不斷地淨化升華，而不應知識的增益而限制了"審美意象"的範域，因為"道"的範域是無限制的時空範域，是自在自得的"道之美"的範域。

《老子》天之道，其猶張弓與高者抑之；下者舉之。有餘者損之；不足者補之。天之道，損有餘而補不足（七十七章）[1]。

此意謂對"道"的體驗猶如張弓，鬆緊之掌握應時時檢視調整，這就是天之道，但常人容易反其道而行，造成過度壓力或作用不足。

《老子》合抱之木，作於毫末；九層之臺，起於累土；千里之行，始於足下（六十四章）；圖難於其易，為大於其細。天下難事，必作於易；天下大事，必作於細。夫輕諾必寡信；多易必多難。是以聖人猶難之，故終無難矣（六十三章）[2]。

一切事物現象的最後成果，必起始於一細微的源頭，對於源頭的理解與掌握，是掌握任何事物本質的必然法則，難以違逆之。中國武術在技能與"道"的學習上，應同步、同根、同源，成就其外在技能與內在意境融合的表現，它既是哲學的，亦為美學的表現。武術技能藝術的身體技能與意識想像的結合，是需要主體主動地通過"審美意

---

[1]余培林，《老子》（台北：時報文化出版，1987）。
[2]余培林，《老子》（台北：時報文化出版，1987）。

象"的作用來完成的,對於"益"與"損"可說是"審美意象"應先"損"於"經驗意識"的判斷,而後"益"於"純粹意識"的直觀,進而掌握其"本質範疇"上的"渾沌性"與"純粹性",這樣的"審美意象"就帶有超越的直觀本質,就不至於使武術技能的"審美"脫離了"道"。

(二)"益損似水-剛柔美"之"審美意象"

增"益"則剛,減"損"則柔,剛柔亦爲「陰陽變易」的表現形式之一,中國武術技能表現中之剛柔掌握與展現是其重要的美學特徵之一,此亦符合"道"的形式。

《老子》天下之至柔,馳騁於天下之至堅(四十三章);勇於敢則殺,勇於不敢則活,此兩者,或利或害(七十三章)[1]。

意謂天下最柔性之物,能駕御天下最剛強之物;勇於展現剛強則會破壞,造成事物的負向結果;反之,勇於展現柔性,則能生產,易於事物的正向發展。現今中國武術的"美學內涵"不同以往,更崇尚自由、自主的時空,那種被限制、被專制的或嚴格規定的"審美判斷"易落入遠離"道"的形式,進而影響中國武術哲學美學的"審美意象"與"審美判斷",進而使得武術技能藝術的"美學內涵"的變質。武術技能表現時其"審美意象"的直觀、想像或形象應如老子哲學中之"上善若水",以水之柔性爲主,因物賦形,態圓能方,以變應變,其主要目的乃在於塑造一自然的、自由的、自主的"審美意象",讓中國武術哲學美學在主體-"人"的"存在之性"的判斷基石上自由發展而滿足。

---

[1] 余培林,《老子》(台北:時報文化出版,1987)。

《老子》天下莫柔弱於水；而攻堅強者莫之能勝；以其無以易之。柔之勝強，弱之勝剛，天下莫不知，莫能行（七十八章）[1]。

此謂以"水"來表徵柔弱性質，及其柔能剋剛之特性，此道理人人皆知，卻少有人能實行它，所謂"柔"其實和"無"有著相同的表徵意義，就是代表著「無限制的空間或時間」。其實"無"所呈現之"無限"與"水"之柔性都表徵出無所不在、無處不有的變動規律，"無"可生萬有，"柔"能藏剛健，此即"道"也。因"無"與"柔"才能塑造無限可能，剛強之力則可能導致特定的作用，進而損失多元的發展。

《老子》人之生也柔弱，其死也堅強；萬物草木之生也柔脆，其死也枯槁。堅強者死之徒，柔弱者生之徒（七十六章）[2]。

這是根據「人和草木，生則柔弱，死則堅強，所得出的一個原則。以指示人爲人做事切忌逞強，而應處於柔弱」[3]。

《老子》柔弱勝剛強（三十六章）[4]。

《老子》虛其心，實其腹。弱其志，強其骨（三章）[5]。

老子之虛其心，弱其志。要求的就是難以修練獲致的"柔性"，而實其腹，強其骨，目的在於體魄健全的「剛性」，武術技能藝術的表現是剛柔相濟、剛柔相生、以柔生剛、因剛而柔的反復過程，它似二元，實則中和爲一，它似對立，實則相生不相剋，剛柔之中和與相生在於主體的"心靈意象"的修練是否達到如"水"般的哲學境界。老子之"益"與"損"的思維亦是如此，二者並不是二元對立的本

[1] 余培林，《老子》（台北：時報文化出版，1987）。
[2] 余培林，《老子》（台北：時報文化出版，1987）。
[3] 余培林，《老子》（台北：時報文化出版，1987）。
[4] 余培林，《老子》（台北：時報文化出版，1987）。
[5] 余培林，《老子》（台北：時報文化出版，1987）。

質,剛則如骨,柔則如風或水,在"美學內涵"上,就形成了獨具特色的剛柔或風骨之美,它是感性與精神合爲一體的"美學內涵",如學者云,「在中國美學中,感性生命與情感生命是渾然一體的」[1]。中國武術技能表現本質上涵藏對立的、轉化的規律,錯誤偏差的"審美意象"會使主體以強硬的、專制的或嚴格的方式與態度作經驗的判斷,例如強硬的"陰陽二分立"的概念與規範,對中國武術技能表現有著嚴格的規範,如此則易造成偏差負向的"審美判斷",此"審美判斷"下的涵義,無法體現"道"或"陰陽變易"的實質內涵,更無法於中國武術技能表現時體現"益損似水-剛柔美"。中國美學主要是"表意性"的藝術,注意藝術意境的傳達而不重具體寫實的描述,中國武術亦是如此,對於意境的掌握實爲表現優劣的重要因子,意境的創造過程同時也創造了藝術的時空性,武術技能藝術則藉由意境而創造了藝術的動態時空變化,在這藝術時空中,審美才成爲可能,因爲在藝術時空中,"審美意象"才能存在,"審美判斷"才能產生,如學者指出,「藝術時空總是"審美意象"生存的基礎,既體現了宇宙的根本大道,又反映了主體的心理內蘊」[2]。這裡必須強調的是若說"審美意象"雖以藝術時空爲生存的基礎,不如說此二者是相生而存的共同體,但這二者都並不是主體或客體的最源始本質,這二者都依存於"人"的"存在之性"的"審美感知"上才得以發生。因此,對於意境的領悟與掌握,我們得藉由老子之"道"的本質內涵切入,了解在這本質內涵中的不受任何侷限的"審美感知"引動了"審美意象",由此而產生的意境是自然自在自得的,如"氣"般的意境、如

---

[1] 朱志榮,《中國藝術哲學》(東北師範大學出版社,青年美學博士文庫,1998),第112頁。

[2] 朱志榮,《中國藝術哲學》(東北師範大學出版社,青年美學博士文庫,1998),第103頁。

"水"般的意境，攸然自在。中國武術的技能修煉應本著"心意如水"般的廣大不設限，將各種技能與內在意境作無設限的結合，不在某種預設的立場下進行判斷或分析，如此方能符合"道之美"的精神內涵，更能體現武術表現之哲學美學的本質思維。

四、"道"之"反動"的"審美意象"

（一）反之思維

《老子》反者道之動，弱者道之用（四十章）[1]。

「"反者，道之動"，其中的"復歸"與"反"之作用在於"和"」[2]。「 "反"的哲學思維是對反於日常經驗思維的，既是作為一種批判性的辨證思維活動，也是一種返回事物自身的現象學還原，反名言之思路，使我們否定世俗世界之語言的異化，揭露大道呈顯之本然真實的世界」[3]。"反"是客觀世界的自然規律，老子稱它為"常"，武術的本質就蘊藏了"反"的規律，例如由虛"反"為實、由剛"反"為柔等。「我們應該知道自然規律，根據它們來指導個人行動。老子把這叫做"襲明"。人"襲明"的通則是，想要得些東西，就要從其反面開始；想要保持什麼東西，就要在其中容納一些與它相反的東西。誰若想要變強，就必須從感到他弱開始」[4]。

《老子》故善人者，不善人之師，不善人者，善人之資。不貴其師，不愛其資，雖智，大迷。是謂要妙（二十七章）[5]。

---

[1] 余培林，《老子》（台北：時報文化出版，1987）。
[2] 王邦雄，《老子哲學》（台北：東大出版社，1983），第98頁。
[3] 伍至學，《老子反言名論》（台北：唐山出版社，2002）。
[4] 馮友蘭，《中國哲學史》（華東師範大學出版，2000），第86頁。
[5] 余培林，《老子》（台北：時報文化出版，1987）。

老子在此應用了"反"的樸素辨證，認為善人可以為不善之人的老師，反之，不善之人可以成為善人之借鏡。同時，若不懂此"反"之道理，不尊重其師，不愛惜其資，則是一種大大的迷智。"反"是大道運行的規律，當然也是宇宙萬物變化的法則。「"反"字的意義有三：一是相反相成，二是反向運動，三是循環反覆」[1]。《老子》"反者道之動"，在意義層面上乃指事物朝著對立面發展的規律，當事物被認識到存在的狀態時，其中亦包含著對立的否定存在。如：

《老子》天下皆知美之為美，斯惡已；皆知善之為善，斯不善已。故有無相生，難易相成，長短相較，高下相傾，音聲相和，前後相隨（二章）[2]。

當美與善相對於醜與惡之時，人們的分別心造成了相對立的現象，因此，在人的心靈層次形成了對立的規律。能夠體驗"道"者，則能夠超越一切相對的名相，也就是順應一切自然，然後隨順創造自然。這就是所謂：

《老子》「聖人處無為之事，行不言之教」（二章）[3]。

「老子不僅考察了矛盾相互依存的關係，而且還看到了對立的雙方並不是凝固不變的，它們是可以互相轉化變動的」[4]。矛盾規律正是"陰陽變易"之所以變易的根源，因矛盾而產生了生生不息的價值。陰陽本質上即是一種矛盾，此矛盾是陰陽存在的根據，也是陰陽互生的動力。相同的，亦是中國武術"美學內涵"之存在與發展的根源。

"陰陽變易"之矛盾在中國武術哲學美學的範疇上，可分為內在本質與外在本質二部份，內在本質部份的矛盾規律展現於"陰陽變易"之

[1] 余培林，《老子》（台北：時報文化出版，1987）。
[2] 余培林，《老子》（台北：時報文化出版，1987）。
[3] 余培林，《老子》（台北：時報文化出版，1987）。
[4] 許抗生，《老子研究》（台北：水牛圖書出版，1993）。

源，此矛盾始於"道"，亦合於"道"，諸如陰陽對立、相生、相剋、互轉等最後必歸結於一體融合；外在本質部份則展現於與客觀世界之間的互動，如陰陽與人、陰陽與武術，就中國武術技能表現而言，反者道之動之"反"是中國武術變動因素的根源動力，在種種變動形式中體現出"陰陽變易"的虛實形式，正為中國武術哲學美學之虛實美的特徵源頭。例如：「八卦掌的技法規律要求，以動為本，以變為法」[1]，或太極拳技法規律，「中定而動，軸輪互轉」[2]，這些都是"陰陽變易"的"反"之現象。

（二）"反之反反—虛實美"之"審美意象"

《老子》反者道之動，弱者道之用（四十章）；大道廢，有仁義；智慧出，有大偽。六親不和，有孝慈；國家昏亂，有忠臣（十八章）[3]。

這是一種物極必反的法則，也就是陰極則陽生，陽極則陰生。意謂大道廢止了，仁義才會出現，科技發達，人們智慧提升，虛偽詐詭也同時產生，而忠臣也是在國家昏亂時才會突顯。物極必反，勢強必弱，這是自然的現象，不易的道理[4]。深而言之，各種事物現象，實同時存涵著"正負"、"動靜"、"虛實"等各種對立互反的關係，這是"道"或是"一"的表現形式之一。武術技能藝術運用了此虛實的概念在各種技法上，也因此使得虛實的運用創造了藝術的時空感知，是一種獨特的"審美意象"。學者指出，「藝術的虛實統一、虛實相生如果從物我的關係上看，應該是感性形象為實，主體情感為虛。藝

---

[1]康戈武，《中國武術實用大全》（五洲出版社，2000），第82-84頁。
[2]康戈武，《中國武術實用大全》（五洲出版社，2000），第81頁。
[3]余培林，《老子》（台北：時報文化出版，1987）。
[4]余培林，《老子》（台北：時報文化出版，1987）。

術所表現的，並不只是甚至主要不是山川草木造化自然的實境，而是因心造境，以手運心的虛境，通過虛而為實，便構成了審美的境界」[1]。老子講道生萬物的道理也就在於這一虛實互轉、虛實互生的一種"反之動"的宇宙規律。武術技能藝術承襲了這一虛實互轉、虛實互生的概念，使得武術技能藝術能創造各種形式的藝術時空與藝術形式，這也就是道生萬物之規律的一種呈現。

《老子》道生一，一生二，二生三，三生萬物（四十二章）；道生之，德畜之，物形之，勢成之。是以萬物莫不尊道而貴德（五十一章）[2]。

因此，中國武術技能表現之"道"的變動形式，則在於"反"之正確的理解、認識與應用。當中國武術技能表現時，種種變動形式的規律必須應用"反"的規律、法則，例如長拳動作之仆步下勢後起身輪臂翻轉 360 度接弓步劈掌的一連串動作，就有著種種應用"反"之規律的虛實美，或武術技法原理：相反相成，反向相求之要求。這都是一系列"虛實互轉"的動作表現，體現著"道"的實質內涵－"反之反反－虛實美"。當然上述的虛實詮釋並不是定論，其技能表現之變動規律仍可有不同的美學詮釋，這必然得涵藏一種廣大無限度的時空範域，才能真正發展"反之反反"的變動規律，確切掌握"道"的種種哲學美學判斷，"反之反反"的變動規律是產生於主體的心靈時空與客體的現實時空之交互關係中，其主體源始的本質範域是純粹的直觀意識，對於與客體的互動關係有著既能反，亦能反反的不確定性或渾化性的現象。唯在這一現象中，乃由主體的心理時空中的"純粹意識"直觀性地起著主導的作用，學者指出，「中國藝術時空中，體

---

[1] 朱志榮，《中國藝術哲學》（東北師範大學出版社，青年美學博士文庫，1998），第 101 頁。

[2] 余培林，《老子》（台北：時報文化出版，**1987**）。

現了濃烈的主體意識。藝術時空既是現實時空與心理時空的交融，主
體便必然在其中起著主導作用，以促使兩者的有機交融，並決定著交
融後的兩者關係，使之既顯現著現實自然中的感性生機，又蘊含著情
感狀態的深層境界」[1]。欲能徹底掌握"反之反反"的變動規律，主體
應回歸頓入心靈深處的"純粹意識"，應阻斷時間與空間在知覺上的
作用，也就是說超越於時空範域的限制，將"審美感知"置於一純粹
的直觀上，如此，反可以反，亦可以正，亦可以反反，進入絕對自由
自主的境地，武術技能表現方能確實以虛轉實、實轉虛、虛實互轉亦
互存，虛實之運用全憑主體之心意與身體的完整統一，在審美過程
中，虛實動靜體現了武術技能的藝術時空與生命的感性形態，突破了
有限而在主體「純粹意識」的"審美意象"上進入了無限的藝術時
空，主體雖置身於現實時空之中，其"審美意象"以一種超越性的融
合，擴大了現實時空的限制。

　　「中國有一傳統的說法，即藝術必須言有盡而意無窮，必須形神
兼備。聯系到虛與實的關係，可以說那有盡就是實，那無窮的意就是
虛。………藝術中既不能沒有實，也不能沒有虛」[2]。武術表現的虛實
作用就在不斷地"反"的過程中發生，虛轉實、實轉虛、虛藏實、實
藏虛、虛亦實、實亦虛這種渾化一意的現象實難以掌握，但藝術的生
命力也就在此中。"反之反反"的變動規律是生生不息的規律，因
此，武術技法之修練應在中高層次的訓練時，逐步轉向一種意境化、
藝術化的精神與身體統合的目標，對於基礎技法要求之原則，逐漸地
將之溶於如水一般的變動規律之中。對於這樣的要求，本文所強調之
"純粹意識"的直觀的"審美意象"可以起到相當積極的效用，唯此

---

[1] 朱志榮，《中國藝術哲學》（東北師範大學出版社，青年美學博士文庫，1998），
　第100頁。

[2] 杜書瀛，《文藝美學原理》（社會科學文獻出版社 1998），第98-99頁。

能力並不容易具備，原因在於一般知覺總是無時無刻地障礙著 "純粹意識" 的直觀的 "審美意象"。欲獲得此能力，必須從哲學的高度切入，由感性入理性，再由理性入感性，最後才能逼顯出 "純粹意識" 的直觀的 "審美意象"，此境地似於莊子的 "心齋" 與 "坐忘" 之的修爲境地。

第二節 莊子之 "道" 的 "審美意象"

關於 "審美意象" 的體驗與領悟，常人往往受限於自我經驗性格的判斷而使之狹小窄化，其 "審美意象" 也就無法有大而精致的體驗了。

莊子《秋水篇》：秋水時至，百川灌河，涇流之大，兩涘渚崖之間，不辯牛馬。於是焉河伯欣然自喜，以天下之美為盡在己。順流而東行，至於北海，東面而視，不見水端。於是焉河伯始旋其面目，望洋向若而嘆曰：「野語有之曰：『聞道百以為莫己若者。』我之謂也」[1]。

世人對於 "審美" 的概念或意識常如河伯般地自以爲天下之美全都在於自己經驗或知識之中，而不知其未知的 "審美意象" 到底有多廣大、多精致！因此，常常限定了主體自在自爲的想像，而美學的內涵亦因意境的侷限而窄化了。宇宙間的美是無可限量的，非大或小或數字可以衡量的，這也就是 "道" 的美學內涵。

莊子《秋水篇》：河伯曰：「然則吾大天地而小毫末，可乎？」北海若曰：「否。夫物，量無窮，時無止，分無常，終始無故。是故大知觀於遠近，故小而不寡，大而不多，知量無窮；證曏今故，故遙

---

[1]《莊子》（智揚出版社，1993），第247頁。

而不悶，掇而不跂，知時而止；察乎盈虛，故得而不喜，失而不憂，知分之無常也，明乎坦塗，故生而不說，死而不禍，知終始之不可故也」[1]。

莊子意寓，萬物無窮，時間無止，得失是難以預料的，各種事物現象總是處於千變萬化之中，唯有能夠透析現象的本質，才不會因小而認知爲少，因大而認知爲多，智者是能夠透析且具實掌握宇宙現象恒常變化的真理。就武術表現"審美意象"而言，在表現者自身對於宇宙現象的領悟的透徹程度的高低，會因由表現者內在的思維不同而有不同的情感表現。武術表現者自身的"審美意象"的不同，對於武術這項包含著功法、套路、格鬥三種運動形式的哲學思維與"美學內涵"的掌握有著不同層次的差異。無法真確領悟"道"的內涵，則易於以經驗意識的認知判斷來對"道"作所謂具體的描述，這是遠離"道"的作爲，又如何能以此來掌握呢！

莊子《秋水篇》：河伯曰：「世之議者，皆曰：『至精無形，至大不可圍。』是信情乎？」北海曰：「夫自細視大者不盡，自大視細者不明。………可以言論者，物之粗也；可以意致者也，物之精也。言之所不能論，意之所不能察致者，不期精粗焉」[2]。

"道"之真實本質是言語所不能達意者，思想亦難以領悟的，必須透過一定層次的哲學思辨的過程，才能逐漸達到對"道"之本質的領悟。所以莊子說，不能以精細粗大來論述它的。對於"道"的闡述：

莊子《天道篇》：天道運而無所積，故萬物成；………夫虛靜恬淡寂寞無為者，天地之平而道德之至，故帝王聖人休焉。休則虛，虛

---

[1] 《莊子》（智揚出版社，1993），第250頁。
[2] 《莊子》（智揚出版社，1993），第251-252頁。

則實，實者倫矣。虛則實，實者倫矣。虛則靜，靜則動，動則得矣。靜則無為，無為也則任事者責矣。無為則俞俞，俞俞憂患不能處，年壽長矣。夫虛靜恬淡寂寞無為者，萬物之本也。………靜而聖，動而王，無為也而尊，樸素而天下莫能與之爭美[1]。

　　莊子所言之意，宇宙間的自然規律是無所停滯的，萬物才能生成。虛靜、恬淡、寂寞、無為才是宇宙天地間的最根源的本原，也是人之內在道德的極致表現。聖人的心境就是專注在此處。心境神意專一就能獲致空明，主體心境獲致空明就能明了事物之本質真實，這是與自然的本質真實吻合的。萬事萬法達至空虛，空虛才能平靜，平靜至極則能隨心意而產生運動，如此有虛靜而生之運動則自在自為、自然自得。虛靜才能無為而為，無為而為才能對任何事物作出完善的表現或盡其責任。莊子言，主體心境神意之虛懷若谷，清靜無為，才是萬物的根本。對於武術表現之「審美意境」應朝此根本境界努力，這努力的主體當然以武術表現者為首要，武術表現若能以虛靜為本，則運動自在自得，"美學內涵"不蘊而生、不藏而顯，自然必然的流露。所以莊子才說，平靜者可以成為聖人，平靜而行動者可以成為王者。無為，則尊貴無比，樸素，則稱美於天下。所以對於當代的許多武術技能的改革，以誇張炫耀的累贅動作附加其上，如此便失去了武術直觀本質的樸素，而加上了許多經驗意識不斷累積的判斷。莊子這種虛靜的本質而產生的"美"不是言語可以道盡的，必須由主體自身對於"審美意象"中的"對象"或宇宙萬事萬物的深切體悟，才能領悟其所以"美"也。正如：

---

[1] 《莊子》（智揚出版社，1993），第206頁。

莊子《知北游》：天地有大美而不言，四時有明法而不議，萬物有成理而不說。聖人者，原天地之美而達萬物之理[1]。

一、"游"之"審美意象"

莊子以"游"字來闡述"美"的境地，"游"是一種精神自由的狀態，是一種身心均滿足的現象，"游"的本質內涵並無特定的功利目的，它是建立在純粹知覺的直觀上，"游"代表著自在廣闊的意義，這也便是現象學還原後的"純粹意識"，也是萬事萬物的根源本性，而不受心智的影響，本質的自然，也就是道法自然的實在意義。

莊子《在宥篇》：雲將曰：吾遇天難，願聞一言。鴻蒙曰：意！心養。汝徒處無為，而物自化。隳爾形體，吐爾聰明，倫與忘物；大同乎涬溟，解心釋神，莫然無魂。萬物云云，各復其根，各復其根而不知；渾渾沌沌，終身不離；若彼知之，乃是離之。無問其名，無窺其情，物固自生[2]。

莊子提出了修養心性必要守住無為之境，萬物自然能自生自化。對於主體而言，應忘卻形體與聰明，和自然之氣合為一體，如此萬物萬事皆能歸於本性或顯現其本質。本性顯明時，自身的存在與自然的存在也就無所差別了，因此，主體不需再應用心機或經驗做任何分解式的判斷，一切皆在純粹的知覺之中順應而生。這就是"游"的自由本質，也是"審美意象"的高層次境界。

莊子《逍遙遊》：一篇寓言之中之形上學意涵，通篇以詩兼隱喻的比興語言表達之。宛若一隻大鵬鳥，莊子之精神，遺世獨立，飄然

---

[1] 《莊子》（智揚出版社，1993），第341-342頁。
[2] 《莊子》（智揚出版社，1993），第177-178頁。

原引、背雲氣、負蒼天、遨翔太虛，獨與天地精神往來。御氣培風而行，與造物者同遊[1]。

莊子的思想自然自由而馳騁，他的思想充滿了渾沌性的想像空間，令人創造與天、與地、與人融合的形象思維，而這亦正是中國武術之"天人合一"或"陰陽合一"的境界。武術以人體為載體，以心靈為內涵，內外合一則能與自然合一。中國武術必以技能為基礎，但在不斷昇華的過程中，心靈的主導作用漸漸提升，影響漸大，以心導身，身正則美，也就逐漸地進入莊子所謂的"游"或"忘"的自然境地。

莊子《庚桑楚》：「正則靜，靜則明，明則虛，虛則無，無則無為無不為也」[2]。

中國武術的技能表現之高層次的"美學內涵"，需以"身心合一"為境地，"身心合一"則必先平正內心，內心平正才能安靜明徹，才能隨順環境，掌握技法與器械，這是武術的"道法自然"之境。「拳家天人合一說，既強調人身自己的整體性，又強調人與環境、器械、技法規律的整體性，還強調主觀世界順應客觀世界，融入客觀世界，使人的行為符合天道，返樸歸真」[3]。武術的美學表現透過莊子抽象化的思維理論，進入了無侷限性的直觀思維之中，使武術技能表現隨心隨意，意到力到，拳心自然的渾化忘己的武學境地。這樣的境地就是極致的"武術藝術"之境，身體、心靈、自然渾化為一體，剛柔、氣韻、虛實與武術節奏全憑主體之心境而有所為有所不為，武術的勁力、技法展現於明與虛之間、有與無之地，美學的價值、美學的精神、美學的內涵應運而生。

---

[1] 方東美，《原始儒家道家哲學》（台北：黎明文化事業公司，1987），第242頁。
[2] 《莊子》（智揚出版社，1993），第375頁。
[3] 康戈武，《中國武術實用大全》（五洲出版社，2000），第66頁。

「人們觀賞武術，能從形神兼備，以形傳神的武術演練中，感受到武術的神韻美；從立身中正、三尖相照、六合相應的姿勢中，感受到武術的和諧美；從動靜相間、剛柔相濟等"反向相求"的技法中，感受到對比美」[1]。武術的神韻美透過形以傳神，形爲體，神爲氣，體氣合一則與天地融，天地融則動靜自如，虛實互含，進而無心無爲，隨心而行也。正如

莊子《天道》：靜而聖，動而王，無為也而尊，樸素而天下莫能與之爭美[2]。

中國武術的技能表現不論在剛柔之美、虛實之美、氣韻之美或節奏之美，最終均統一於"和諧之美"，舉凡有剛柔而不和諧者，剛柔非美也；舉凡有虛實表現而不和諧者，虛實非美也。武術應本著虛懷若谷，清靜無爲的心境，因爲這是萬物的根本，也是武術修爲的根本。

莊子《天道》： 夫虛靜恬淡寂寞無為者，天地之平而道德之至，故帝王聖人休焉。休則虛，虛則實，實者倫矣。虛則靜，靜則動，動則得矣。靜則無為，無為也則任事者責矣。無為則俞俞，俞俞者憂患不能處，年壽長矣[3]。

莊子此論表明了"虛靜"之價值所在，武術技能表現應以"虛靜"爲基石，表現種種處於極致"和諧"的技法，方能廣闊地昇華其"美學內涵"。此"虛靜"在武術技法表現之中可謂之"定、穩、柔、圓"，如南拳技法之「未定不移，未穩不發」[4]或太極拳技法之

---

[1]康戈武，《中國武術實用大全》（五洲出版社，2000），第17頁。
[2]《莊子》（智揚出版社，1993），第207頁。
[3]《莊子》（智揚出版社，1993），第206頁。
[4]康戈武，《中國武術實用大全》（五洲出版社，2000），第80頁。

「中定而動，緩慢柔圓」[1]。「"虛靜"中的知覺活動是感性的，同時也是超感性的」[2]。

二、"心齋"、"坐忘"之"審美意象"

莊子的"心齋"要求主體的心靈能透過哲學思辨的過程，獲致心靈上的虛靜境界。文獻指出，「"心"，精神作用；"齋"，齋戒。指一種排除思慮和欲望的精神狀態。認爲只有保持"心"的虛靜，方能得妙道，所以，"虛"就是"心齋"。即通過靜坐修養，徹底忘掉周圍世界、自己的知識和形體，使身心完全與"道"融合相通，以此達到"無己"、"喪我"，芒然彷徨乎塵垢之外，逍遙乎無爲之業，超脫世俗的一切矛盾，實現精神上的絕對自由」[3]。"坐忘"是莊子與"心齋"同一理論的另一闡述，形式是透過端坐修養來達到忘却一切認知而起的欲忘，使得主體的身與心獲致與"道"一致的的相融境界。文獻指出，"坐忘"，「指端坐而渾忘一切物我、是非差別的精神狀態。修養過程中的一個階段」[4]。武術之"道"所謂的"天人合一"之"大一"的概念，是可以透過"心齋"、"坐忘"來完成的。「爲了與"大一"、"合一"，聖人必須超越並且忘記事物的區別。做到這一點的方法是"棄知"。這也是道家求得"內聖"之道的方法。照常識看來，知識的任務就是作出區別；知道一個事物就是知道它與其他事物的區別。所以"棄知"就意味著忘記這些區別。一切區別一旦都忘記了，就只剩下渾沌的整體，這就是"大一"」[5]。

---

[1]康戈武，《中國武術實用大全》（五洲出版社，2000），第81-82頁。
[2]徐復觀，《中國藝術精神》（華東師範大學出版社，2001），第50頁
[3]《哲學小辭典》（上海辭書出版社，2002），第122頁。
[4]《哲學小辭典》（上海辭書出版社，2002），第122頁。
[5]馮友蘭，《中國哲學史》（華東師範大學出版，2000），第101-102頁。

莊子《人間世》：若一志！無聽之以耳，而聽之以心，無聽之以心，而聽之以氣。聽止於耳，心止於符，氣也者，虛而待物者也。唯道集虛。虛者，心齋也[1]。莊子《大宗師》：墮肢體，黜聰明，離形去知，同於大通，此謂“坐忘”[2]。

莊子《達生篇》：工倕旋而蓋規矩，指與物化而不以心稽，故其靈臺一而不桎。忘足，履之適也；忘要，帶之適也；知忘是非，心之適也；不內變，不外從，事會之適也；始乎適而未嘗不適者，忘適之適也[3]。

這是莊子對於“忘”之哲學的詮釋，這是一個很好的生活例子。意指當主體的身體技能熟練至與心思神意凝合為一，此境就是“忘”之境。因為主體心靈專一而不窒礙。忘了腳，鞋就適合；忘了腰，腰帶就適合；忘了是非，心靈安穩舒適。主體的內心平靜如“心齋”一般，則能不受外物的影響，主體的處境也就安穩舒適了。然而主體的本性本來就是安適而平穩的，所以虛靜至極也就會忘了安適的安適了。“心齋”與“坐忘”的意境是莊子美學意境的至高詮釋。在莊子的思維中，“道”與“技”的關係是結合的，如此才能掌握由心而身的美學表現。如：

莊子《達生篇》：梓慶削木為鐻，鐻成，見者驚猶鬼神。魯侯見而問焉，曰：「子何術以為焉」？對曰：「臣工人，何術之有！雖然，有一焉。臣將為鐻，未嘗敢以耗氣也，必齊以靜心。齊三日，而不敢懷慶賞爵祿；齊五日，不敢懷非譽巧拙；齊七日，輒然忘吾有四枝形體也。當是時也，無公朝。其巧專而外骨消，然後入山林，觀天性；形軀至

---

[1] 《莊子》（智揚出版社，1993），第 71 頁。
[2] 《莊子》（智揚出版社，1993），第 130 頁。
[3] 《莊子》（智揚出版社，1993），第 297-298 頁。

矣，然後成見鐻，然後加手焉；不然則已。則以天合天，器之所以疑神者，其是與」[1]！

　　有位木工作了鬼斧神工般的樂器使人讚嘆。他回答他人的問題指出，當他要作鐻時，必安靜心靈、棄慶賞爵祿與毀譽巧拙之心念、對自身形體也忘卻了，如此去除了外在的干擾，直入心性本質境地然後觀察樹木，挑選並製作，樂器就如此完成了。武術表現也同此例一般，是"道"與"技"之融合，而非單獨是身體技能的展現。莊子闡述"心齋"與"坐忘"，藉此獲致"道"的本質現象，使得主體的心靈不受自然的、社會的或自我的侷限而自在自得。

　　莊子《庚桑楚》：道者，德之欽也；生者，德之光也；性者，生之質也。性之動謂之為，為之偽謂之失。知者，接也；知者，謨也。知者之所不知，猶睨也[2]。

　　莊子之"心齋"與"坐忘"為的是要獲取"明"，因"明"才得以自由解放心靈與身體，達致絕然自在的境地，這是極度愉悅的狀態，可說是一種藝術精神狀態或美的享受狀態，因此，對於任何對象的"審美感知"就是在"明"的狀態下存在的，這也就是現象學之"純粹意識"或"先驗主觀"的"審美感知"。徐復觀指出，「莊子所謂"明"，正由"忘我"而來，並且在究竟意義上，"明"與"忘我"，是同時存在的」[3]。莊子的"明"以"虛靜"為本體，"心齋"與"坐忘"是將"我"給忘卻了，但並非"我"不存在，而只是將"我"的一般知覺、經驗、認知等給忘卻了，留下如現象學之"純粹意識"，如此，主體與自然、主體與社會、主體與武術也就必然歸於"一"了，"一"就是"心齋"，"一"就是"道"，"道"即是萬

---

[1] 《莊子》（智揚出版社，1993），第 295-296 頁。
[2] 《莊子》（智揚出版社，1993），第 377 頁。
[3] 徐復觀，《中國藝術精神》（華東師範大學出版社，2001），第 51 頁。

物本質。因此，莊子的藝術精神就在這"一"當中顯現其本質，就
"審美感知"與"審美意象"而言，這是絕然的直觀，武術與主體就
在此直觀之中合一了。由此可知，武術表現得以"虛靜"爲體，以直
觀的"審美感知"爲用，引動了不受干擾的"審美意象"，真切地掌
握武術表現之"美學內涵"。這種以"虛靜"爲體，以直觀的"審美
感知"爲用的現象，使得心靈上產生無以倫比的喜悅與感動，它是純
粹理性後的感性。正如：

　　莊子《秋水》：莊子與惠子遊於濠梁之上。莊子曰：「儵魚出遊
從容，是魚之樂也。」惠子曰：「子非魚，安知魚之樂？」莊子曰：
「子非我，安知我不知魚之樂？」惠子曰：「我非子，固不知子矣；
子固非魚也，子之不知魚之樂，全矣。」莊子曰：「請循其本。子
曰："汝安知魚樂"云者，既已知吾知之而問我。我知之濠上也」[1]。

　　在上述的文中，若以理智的、經驗的判斷而言，莊子似乎是強詞
奪理，不知所云；但若從現象學直觀的本質性或先驗性，或由純粹的
"審美感知"與"審美意象"來看，則惠子根本無法體會莊子這種高
層次的美學體驗。李澤厚指出，「在這個著名的論辨中，惠子是邏輯
的勝利者，莊子却是美學的勝利者」[2]。莊子所體驗之"魚之樂"，是
不受理智邏輯所控制的，是自由自在，直觀反應的情感體驗，是美的
觀照下美的體驗，是"忘我"而將自己投身於"魚之樂"的審美享
受。同而言之，武術表現的"審美感知"與"審美意象"亦應如此，
就如"我是武術"與"我在武術"是截然不同的美學層次。唯所謂
"本質直觀"或"心齋"、"坐忘"的"審美意象"下的美學體驗，
並無法透過理智性的科學方法驗證出來，就如武術技法要求所謂的

---

[1]《莊子》（智揚出版社，1993），第267頁。
[2]李澤厚，《華夏美學》（天津社會科學院出版社，2001），第136頁。

"陰陽合一"、"天人合一"一樣是無法藉由科學來驗證的。因此，就武術表現而言，莊子的"心齋"、"坐忘"的境地必須由身體－主體（身體與心靈）的不斷體驗，將武術表現昇華至的狀態，而身體技能則受此"純粹意識"的作用而改變其技能品質。相同的動作表現出剛柔之美、虛實之美、氣韻之美、節奏之美，在"經驗意識"下的"一般知覺"與"純粹意識"下的"審美感知"與"審美意象"，有著質量上的不同，層次上的差異，後者將更"和諧"表現武術的"美學內涵"。李澤厚指出，「莊子強調審美事實的哲學意義，作為莊子的最高人格理想和生命境地的審美快樂，不止是一種心理的快樂事實，而更重要的是一種超越的本體態度。這種態度並不同於動物的渾渾噩噩、無知無識，儘管莊子強調它們在現象形態上的相同或相似。它既不是動物性的自然感性，又不是先驗的產物或神的恩寵，而是在人的經驗中又超經驗的積澱本體和形上境界，是經由"心齋"、"坐忘"才能達到的"純粹意識"和"創造直觀"」[1]。莊子之"心齋"與"坐忘"為的乃是求得一字"真"也，此"真"乃為"道之真"，它存於天地之間而不彰顯，是自然且必然而不消失。如莊子提出的：

莊子《漁父篇》：真者，所以受於天也，自然不可易也。故聖人法天貴真，不拘於俗。愚者反此。不能法天而恤於人，不知貴真，祿祿而受變於俗，故不足。惜哉，子之蚤湛於人偽而晚聞大道也[2]！

莊子意謂，真性是主體出於自然必然的天性，無法隨意改變的，所以，人效法天地自然之本質現象，珍視主體的自然天性，而不拘於世俗；只有愚昧的人才會反其"道"而行。武術是基於人體的身與心的結合而產生於人的歷史過程的文化產物，它必出自於主體的自然天

---

[1] 李澤厚，《華夏美學》（天津社會科學院出版社，2001），第 138-139 頁。
[2] 《莊子》（智揚出版社，1993），第 529 頁。

性，不違逆自然的本質現象。因此，武術的美學表現就應朝著"道之真"，"道"之本質的最高境界前進，其方法正是莊子的"心齋"與"坐忘"或現象學的"純粹意識"、"本質直觀"或"先驗主觀"，武術的表現往往重視技法的規律，而常忽略了技法規律的源頭就是"道"的表現，就是"心齋"與"坐忘"，就"純粹意識"和"創造直觀"的"美學內涵"。莊子之"心齋"與"坐忘"應用於武術表現，就是引領著主體忘却武術技能的章法，而真實地表現武術內涵與主體心意交互的關係的本質現象，這是"意"與"技"的合一，也是"道"的真實表現，使武術表現自在自得，不因技法而技法，不因"拳"而拳，不因"掌"而掌的渾然的武術境界，這才是武術美學的真確的內涵。就如莊子下列的說明一樣：

莊子《天道篇》：世之所貴道者，書也。書不過語，語有貴也。語之所貴者，意也，意有所隨。意之所隨者，不可以言傳也，而世因貴言傳書。世雖貴之哉，猶不足貴也，為其貴非其貴也。故視而可見者，形與色也；聽而可聞者，名與聲也。悲夫！世人以形色名聲為足以得彼之情。夫形色名聲，果不足以得彼之情，則知者不言，言者不知，而世豈識之哉[1]！

莊子《天道篇》：桓公讀書於堂上，輪扁斲輪於堂下，釋椎鑿而上，問桓公曰：「敢問：「公之所讀者，何言邪？」公曰：「聖人之言也。」曰：「聖人在乎？」公曰：「已死矣。」曰：「然則君之所讀者，古人之糟魄已夫！」桓公曰：「寡人讀書，輪人安得議乎！有說則可，無說則死！」輪扁曰：「臣也以臣之事觀之。斲輪，徐則甘而不固，疾則苦而不入，不徐不疾，得之於手而應於心，口不能言，有數存焉於其間。臣不能以喻臣之子，臣之子亦不能受之於臣，是以行年七十

---

[1] 《莊子》（智揚出版社，1993），第215頁。

而老斲輪。古之人與其不可傳也死矣，然則君之所讀者，古人之糟魄已夫」[1]！

　　莊子主要傳達，不可如世人一般地以爲掌握了事物的外在的形形色色，就自認爲掌握了其本質現象。莊子言，若只是通過事物的外在的形形色色是不能掌握真實的本質現象的，思想的本質源頭，是語言所無法表達出來的。這就是“道”之不可言也。故真實掌握“道”的人，必是得“道”之意而“忘”言也，武術也是如此，得“道”之境而“忘”技也！這與現象學的“歸入括弧”或“還原”的方法，將人們的經驗意識與認知加以排除或“懸置”，透過最後一種純粹的知覺來接納所面對的事物，完善的“美”的感知就是在這種純粹知覺的狀態下，進行一種高層次的“審美判斷”，它具備了與“道”相同的渾沌性、無限性。

第三節　現象學解析

一、老子之哲學美學思想

　　老子之“道”的哲學觀富有著自然的、有無的、益損的、反動的哲學美學思想，其中所訴及的核心概念無非是“和諧的氣化”論點。“和諧的氣化”溶化了虛實、陰陽、有無、益損的二元對立，以超越的思維引領主體與客體二者在不斷變動的氣化狀態獲致和諧的境地。其對於美學的內涵如研究指出的：（引用孫通海，《中國古典美學舉要》）。

　　（一）氣化諧和的哲學審美觀達到上古時期的最高度。………將氣與「道」、「無」聯繫在一起，把養生方法提到宇宙之「道」，這

---

[1]《莊子》（智揚出版社，1993），第216頁。

正是老子的偉大貢獻。………《老子》有關「道」及「虛無」等本體的認識及其辨證思想，對後世哲學美學及士大夫的宇宙觀、審美觀影響極大[1]。

胡塞爾說，「現象學的"先驗還原"，如在自然設定中的整個世界一樣，"我"，這個人，也經受排除；留下的是具有其自己本質的純行為體驗，也就是"純粹自我"，沒有任何還原可對其施加影響。通過絕對普遍的"懸置"把心理學"純粹的主體性"還原成為"先驗純粹"的主體性」[2]。對於老子所謂"氣"、"道"、"無"的體悟或將之應用於審美的過程中，主體意識中的"我"的作用是一關鍵的決定點，若無法將主體意識中的"我"的概念，予以清理、排除經驗性格的意識概念，則對老子之"氣"、"道"、"無"的體悟將有所侷限。若能將主體意識中的"我"的概念內觀地省思至現象學所謂的"純粹自我"或"純粹意識"，則可以直觀地、本質地、自然的獲致"氣"、"道"、"無"之境界的真實領悟。

（二）對審美藝術的否定。老子認為社會混亂爭戰之因在於物質生產的發展和由此帶來的欲求、知識、道德和藝術的出現與演化。老子說：「五色令人目盲；五音令人耳聾；五味令人口爽；馳騁田獵，令人心發狂；難得之貨，令人行妨」[3]。

現象學還原表示一個完整的認識歷程，要人從對外物的常識的、自然的認識進而認識它們的根源在意識的意向性，最後一歸於超越的意識或超越的自我。現象學還原的導向，很明顯地是要攝存在歸於意

---

[1] 孫通海，《中國古典美學舉要》（安徽教育出版社，2000），第70-71頁。
[2] 胡塞爾，《現象學的觀念》（上海：上海譯文出版社，1986）。
[3] 孫通海，《中國古典美學舉要》（安徽教育出版社，2000），第71頁。

識，最後逼顯一超越的主體性[1]。老子對審美藝術的否定，我們可將之視爲是老子在審美過程中，對於外物的常識的經驗意識的否定，而促使了主體反觀自身與事物內在的本質現象，而獲得了一超越性的哲學美學的審美思維，就如現象學"先驗還原"專注於主體意識活動自身，從經驗主體轉向先驗主體。經驗主體，即經驗的自我，它意涵自我的經驗、心理意識、判斷思維等，從這裡無法體現純粹的意識意向活動，無法領悟純粹超越的、自在的、無限制的主體意識，無法呈現與運用超越的主體性；先驗自我，即隱藏於層層經驗之內的主體，它具有純粹的意向性，這是一種"超越懸置"的現象。老子對審美藝術的否定，我們可將之歸於一種"超越懸置"，對於審美活動而言這無非是一種偉大的貢獻。

（三）"大音希聲，大象無形"在老子看來，"道"和"無"是至善至美和無比偉大的，而具體的"物"、"有"只是"道"的顯現和末葉，所謂"萬物生於有，有生於無、道爲萬物之母"。這種認識不僅去知、去欲、絕聖棄智提供了依據，也爲否定音樂、文飾，拋棄五聲五色和追求自然提供了理論基礎。………"希"與"無"則與一切具體存在的形、聲相對而言。就老子的本意來講，指的是哲學上的虛無境界，………就其出發點和哲學體系來講，老子否定審美藝術、否定人爲創造，無益於審美藝術的發展。但由於這種認識具有一定的辨證思想，由於儒家審美觀所帶有的缺陷，以及藝術本身發展規律的實際要求等各方面的原因，卻使它的運用在審美藝術的創作欣賞中常常起到某些積極的作用。………促使人們不拘於耳目的直接感覺的局限，進一步將直接感觸與內心想像、聯想結合起來，從音、色有無之

---

[1] 吳汝鈞，〈胡塞爾的現象學方法（中）〉，《鵝湖月刊》26卷12期（2001），第15頁。

間的複雜變化過程中，從感覺與想像活動的總體中去把握藝術形象，品嘗那形聲之外無窮的意味[1]。

胡塞爾現象學的理論基礎是在於建構一個方法體系，其目的在於探究事物的本來面目或本質現象，它透過所謂的"歸入括弧"或"還原"的方法，將人們的經驗意識與認知加以排除或懸置，透過最後一種純粹的知覺來接納所面對的事物，完善的"美"的感知就是在這種"純粹意識"的狀態下，進行一種高層次的"審美感知"與"審美意象"，它具備了渾沌性、無限性，這與老子的"道"與"無"有著意味相同的感知，"無"就是一種"歸入括弧"或"還原"的過程，而最後一種純粹的知覺也就是"道"之自然、自在、自得的"美學內涵"。

（四）關於美醜相成、有無相生的辨證思想。老子說天下皆知美之為美，斯惡矣；………老子這段話也同樣是為了論證他的"道"與"無"，論證他的無為而治，和對形聲之美的否定。但它本身卻包含著美與醜、善與惡的相互依存的辨證思想。美醜對立的哲學美學思想的出現，是戰國以來審美實踐發展的結果，並與老子哲學體系的形成密切相關，是古代人們對美的本質認識上的一大飛躍[2]。

胡塞爾說：「現象學還原即是，必須對所有超離的東西予以無效的標示。即是說，它們的存在和有效性不能視為存在和有效性自身，充其量只能作為有效性現象而已。這是一種始點運用的真理體系。使認識變成明證的自身給予性，直覺到認識的效能本質」[3]。老子的無為而治，和對形聲之美的否定就是對所有超離的東西予以無效的標示，

---

[1] 孫通海，《中國古典美學舉要》（安徽教育出版社，2000），第71-72頁。
[2] 孫通海，《中國古典美學舉要》（安徽教育出版社，2000），第72頁。
[3] 吳汝鈞，〈胡塞爾的現象學方法（中）〉，《鵝湖月刊》26卷12期（2001），第14頁。

也是認識變成明證的自身給予性，而使得主體獲致本質的明證性，在此本質的明證性的範域上，主體的審美意識與客體自身的現象都被融合一體。如此，武術技能藝術真正被感知為藝術了，在哲學美學的審美過程中，完整地透視對象與自身的一切互動關係，"道"被感知了，"真美"亦被感知了。

二、莊子之哲學美學思想

　　莊子的哲學美學思想表現主要在於幾個重要的思想範疇上，包括了"萬物一氣"、"坐忘"、"心齋"、"得意忘言"等幾個範疇上。莊子的這些範疇正與現象學所謂的"還原"或"懸置"的概念是有極大程度上的相似，其主要目的在於使人與自然相融合、與社會相融合，更重要的是與自我相融合，消除一切矛盾狀況。現象學的理論基礎是在於建構一個方法體系，其目的在於探究事物的本來面目或本質現象，它透過所謂的"歸入括弧"或"還原"的方法，將人們的經驗意識與認知加以排除或"懸置"，在無法最"還原"的"純粹意識"下呈現的"氣"、"道"、"無"才能呈現純粹的"審美感知"與"審美意象"。所有"審美"運動若不能在此"純粹知覺"或"純粹意識"的前提下，"審美感知"與"審美意象"將會被表層意識之物欲或功利價值所牽引，而導致"審美判斷"的偏差。根據文獻的研究，對莊子的哲學美學觀點的彙整：

　　（一）莊周和老聃一樣，以一個離世養生者的姿態，在對古老人體生命科學、人天觀的高深體悟基礎上，大大地提高與加深了古代氣化諧和認識。他的"萬物一氣"等的高度概括與"心齋"、"坐忘"、"虛靜"等養生之法的提示，是在似假似真中描繪出來的，連他對人性復歸而使生命徹底解放的真人的讚美，以及對最高美感境界的肯定，也都是在似幻非幻的手筆下閃現出來的[1]。

海德格爾說，「"此在"的本質就在於它的"存在"之中」[2]。因此，真實的本質是深深隱藏在事物本身的存在之中，此存在早已被非安定的、非自由的、非根源的偽裝層層包覆，我們需透過現象學方法將之層層剝離，始得獲見"此在"的本質。莊子之"心齋"、"坐忘"、"虛靜"的修煉過程，能將自我的經驗意識剝離，使自我的"此在"本質範域與客觀世界的"此在"本質範域結合爲一。莊子的"心齋"、"坐忘"、"虛靜"的思維，有著現象學之"本質直觀"與"先驗主觀"的作用，將主體從經驗性格的認知領域中引退，擴大了直觀思維的時空，升華了主體本質性思維的主導性。

（二）莊周對進入"文明"社會以來的"知、欲、爲、文"自然採取否定的態度，認爲只有拋棄了音樂、毀掉了文繪，才會使耳目恢復聰明。莊周的這種觀點從根本上否定了藝術，否定了人之爲人。莊周以無爲反對產品的不斷創造與發展，以無欲反對審美與物質欲求的增長，以無知反對人對後天知識的不斷探求[3]。

胡塞爾認爲，「對於任何設定我們都可以完全自由地實行這一特殊的"懸置"（括號），即一種"判斷的中止"」[4]。"判斷的中止"就是一種"否定"的作用，"判斷的中止"就是要在主體的思維上中止對"文明"社會以來的"知、欲、爲、文"，要中止主體通過物欲、知識、經驗的過程來進行"審美活動"。

---

[1] 孫通海，《中國古典美學舉要》（安徽教育出版社，2000），第 79 頁。

[2] 海德格爾，《存在與時間》（北京：三聯書店，1987）。

[3] 孫通海，《中國古典美學舉要》（安徽教育出版社，2000），第 80 頁。

[4] 胡塞爾，《純粹現象學通論》（北京：商務引書館，1996）。

（三）在莊周看來，是與非、大與小、有與無、貴與賤，都可以沒有區別，小可以說成大，大也可說成小。美與醜是如此，美的可以看成醜，醜的也可以看成美，問題在於你站在那個角度去認識。這樣，就取消了美的質的規定性和美的客觀性。既然主張萬物齊一、物我齊一，那麼美醜不能區分，也不必去區分了[1]。

胡塞爾認為，「問題不是世界是否存在，而是世界如何對意識而存在」[2]。"審美感知"是主體的一種原始性的具有意向性的形式，非經驗性格或經驗意識的，它是直觀直覺的"純粹意識"。因此，真確的"審美感知"必須把握住主體先驗性的意向形式，它主導了主體的知覺與想像，引動著主體的"審美意象"的發生。因此，莊子認為，客觀世界之"是與非、大與小、有與無、貴與賤"，都可以沒有區別，小可以說成大，大也可說成小。美與醜是如此。所以，"審美活動"中不能以常識性的規定來規範著"審美感知"、"審美意象"與"審美判斷"。這就是主體如何透過"本質直觀"的思維使得客觀世界真實地在"純粹意識"呈現。

（四）莊周的反對污濁、避世養生的態度，使他不僅擺脫繁重勞動與自然審美的對立，超出儒者以德比附自然的侷限，而且使他採取了一種不以物累形的超出實踐功利的身心狀態，逍遙遨遊於廣闊的時空，超越了儒者"以人合天"的層次，而達到"以天合天"的物我、情景天然湊泊的境界[3]。

---

[1] 孫通海，《中國古典美學舉要》（安徽教育出版社，2000），第80頁。
[2] 尚黨衛、陳林，〈胡塞爾現象學的人學意蘊〉，《江蘇大學學報》4卷4期（2002），第5-9頁。
[3] 孫通海，《中國古典美學舉要》（安徽教育出版社，2000），第81頁。

「情感先驗是一個世界能被感覺的條件」[1]；「"審美對象"的世界是按一種情感特質安排的，這種情感特質對它來說就是一種先驗」[2]。情感的先驗必須建構在主體的"純粹意識"之上，若主體無法從經驗性格的意識判斷中引退至"純粹意識"的範域上，情感的先驗是無法被體認與被呈現的。因此，也無法獲致莊子所謂"以天合天"的融合的與超越的境地。如此的境地，在中國武術的技能表現上，代表著最高上的修煉，是身心靈結合一體的"超越主體"經驗意識的表現。現象學中的先驗想像或先驗意識是相當不易察覺的，只有不斷地將的主體之"人我立場"的意識、經驗、判斷、思維等外加物層層剝落，才能逼顯出不被二元對立所強制的先驗意識，如此，將回歸至"以天合天"的主客融合的境地。

（五）就創作思想而言，主要在他對"物我關係"、"物欲關係"、"情理關係"，以及與此相聯系的崇尚自然、反對雕琢、虛靜坐忘、得意忘言等主張上。這些主張直接或間接地關係到對審美創作中物我關係、象意關係、內外關係等基本規律的認識與深化，關係到後來有關審美意識的產生[3]。

梅洛龐蒂對身心的看法是一元的而非二元分立的，他指出，「"人"不是附在機體上的一種心理現象，而是有時表現為有形體的、有時投向個人行為的存在的往復運動」[4]；「靈魂和身體結合不是由兩種外在的東西（即客體和主體）間的一種隨意決定來保證的。靈

---

[1]Dufrenne, Mikel, （1973）. *The Phenomenology of Aesthetic Experience*, trans. by Edward S. Casey, Northwestern University press. p437。

[2]Dufrenne, Mikel, （1973）. *The Phenomenology of Aesthetic Experience*, trans. by Edward S. Casey, Northwestern University press. p447。

[3]孫通海，《中國古典美學舉要》（安徽教育出版社，2000），第82頁。

[4] Merleau-Ponty, Maurice, （1962）. *phenomenology of Perception*, p.88。

魂和身體的結合每時每刻在存在的運動中實現」[1]，因此，梅洛龐蒂認
為，現象學應「把身體當作知覺的主體」[2]，透過直觀的知覺以掌握對
象的本質，就美學而言，就是以身體當作審美知覺的主體，"本質直
觀"地不受經驗意識的影響來進行"審美感知"。如此，主體破除了
"物我關係"、"物欲關係"、"情理關係"的分立概念，體悟了
"得意忘言"的"審美意象"，這是"審美活動"中各種"審美關
係"的極致深化的結果。

　　根據本章節的論述比較，我們可以確立"審美意象"是由主體最
根源的"存在之性"的純粹的"審美感知"而產生的。"道"的思想
破除了種種二元分立的關係，確立了自然的、有無的、益損、反動、
心齋與坐忘的"審美意象"，這是"和諧氣化"與"超越主體"的
"審美意象"，它將引動著中國武術哲學美學如"道"一般"渾沌
性"與"純粹性"，進而透過中國武術昇華了"身體心靈化"與"心
靈身體化"的"身心合一"。

第四節　本章小結

一、中國武術透過"道"確立了自然、有無、益損、反動、心齋與坐忘的"審美意象"，這是"和諧氣化"與"超越主體"的"審美意象"。

　　中國武術透過"道"是從自然環境中的種種現象領悟而得出的另
一個自然，這另一個自然是一種主客體間變動的互動關係，它存在於

---

[1] Merleau-Ponty, Maurice, （1962）. *phenomenology of Perception*, p.88-89。
[2] Merleau-Ponty, Maurice, （1962）. *phenomenology of Perception*, p.225。

真的自然之中，只是它隱而不顯，"道"就是作為一種合於自然法則的遊動或變動狀態，對於"道"的掌握是中國武術修練的最高指導原則，武術表現透過種種不同的技法尋求著與自然（天）的融合，透過主體對"道"的"意象"，將自然（天）與自我在這"意象"所創造的另一自然中給融合了。這就是老莊哲學的終極訴求。老莊的"美學內涵"是建立在心靈層次的自由解放，以純粹知覺為本質而不受任何欲望或知識的影響，在人性的角度上促使心境致極的自由，愈自由就愈能享受"審美"的觀照，"審美意象"就如"道"般地自然發生。自由能在人的心靈上產生美的意境，這是境外之意、象外之象的"審美意象"。武術技能透過人體的生理與心理功能的交互作用而得以表現，此表現的內涵蘊藏著主體想像意境的美，中國武術的"美學內涵"也就蘊藏在主體想像的"審美意象"之中。從"道"的"本質範疇"中解析了自然、有無、益損、反動、心齋與坐忘的"審美意象"，整體而言，這些都是"道"的"本質範疇"上所呈現出的規律，藉由這些規律，中國武術的"審美"方能深入"和諧氣化"與"超越主體"的境地。

二、"審美意象"是由主體最根源的"存在之性"的純粹的"審美感知"而產生的，它如"道"一樣蘊涵著"身體心靈化"與"心靈身體化"的內涵。

"審美意象"是由主體最根源的"存在之性"的純粹的"審美感知"而產生的，二者都是中國武術"審美"活動不能或缺的元素。"審美意象"是純粹直覺、純粹直觀的意向性的想像，它自然且必然地存在於"人"的最根源本性之中，就如老子"道"的"意象"一

般，是“直覺性的模糊”或“直觀性的渾沌”，也因如此，才使
“道”的“意象”有如此無限的空間與時間。因此，在這“直觀性的
渾沌”中，“身體”才有可能被“心靈化”，而“心靈”也才可能被
“身體化”，也就是說，“天人合一”或“身心合一”才具備了可能
性。實際上，就是這樣的“直觀性的渾沌”的“道”的“意象”才使
得“審美意象”超越了空間與時間的概念的。也因如此，“美學”才
能被創造、被發展而成為一門深奧的學問。“直覺性的模糊”或“直
觀性的渾沌”是主體想像力的結果，對於“道”進行了深廣且強力的
想像，創造了“道”的渾沌性。中國武術的“美學內涵”也就在這
“直觀性的渾沌”中確立了“身體心靈化”與“心靈身體化”的內
涵。“身體心靈化”與“心靈身體化”是中國武術獨特之“美學內
涵”，它不獨自存在於“身體技能”之中，亦不單獨存在於“心靈”
的修煉上，它必須存在於“身體”與“心靈”的變動的互動關係之
中，進而“身心合一”而與客觀世界和協一致。也就是所謂“身體－
主體”之意，它代表主體透過身體知覺克服自我和世界、身體和精神
或種種存在認知之間的二元對立的思維，進而在“本質範疇”的“渾
沌性”與“純粹性”上獲得主客統一的直觀思維，也可說是“身體心
靈化”、“心靈身體化”二者的極致呈現。

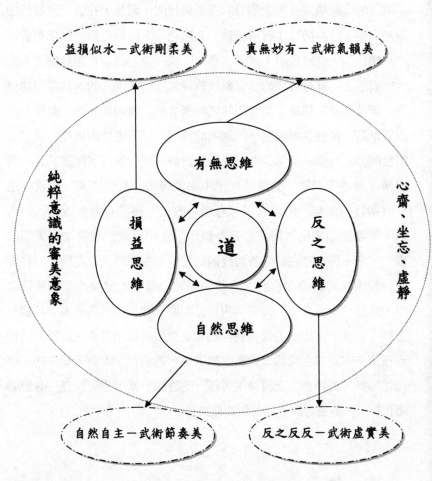

圖（五）老莊之"道"的"審美意象"與武術表現之關係圖

第五章　"中觀哲學" 與武術表現的 "審美判斷"

第一節　中國武術與佛教 "中觀哲學"

中國武術與古代宗教有著緊密的聯系。因爲宗教文化與武術文化同爲古代文化巨系統的組成部分。二者在發展過程中必然互爲因果，相互滲透、影響。在中國武術史上，以佛教文化和道教文化與武術的關係較爲密切[1]。中國武術深受道家與佛家的哲學思想的影響而形成種種派別，中國武術與佛教的關係是緊密的，深受佛教哲學思想的引導，其中尤以少林武術爲典型代表。「佛教與武術密切聯系的典型代表爲河南嵩山少林寺，早在這個時期少林寺僧即開始習武」[2]。「少林寺以其獨特的環境煌僧眾的愛國濟世，與凡俗武術界的交融，成爲中國武術的繁衍、聚散的一方重地。而這種寺院與武術相依相存的狀況在佛教界並非少林寺一家」[3]。中國佛學思想對中國武術的影響深遠，"禪學"、"中觀哲學" 所闡述之 "中道義" 對中國武術修煉上的觀念、方法及哲學的、美學的思維等起著與 "道" 相同的引領作用。中國武術技能修煉之概念如 "拳爲拳"、"拳非拳"、"拳爲非拳非非拳"、"拳爲心"、"心爲禪"、"拳禪一體"、"拳到無心方爲

---

[1] 張耀庭，《中國武術史》（北京：人民體育出版社，2003），第 124 頁。
[2] 張耀庭，《中國武術史》（北京：人民體育出版社，2003），第 124 頁。
[3] 鄭旭旭、袁鎮瀾，〈中日武術對佛學、佛教借鑒的比較研究〉，《武漢體育學報》36 卷 1 期（2002），第 46-49 頁。

真"等處處盈滿著佛禪心性之哲理，一一影響著中國武術的技能表現
與修爲。學者指出，「心性論是中國佛教哲學的重點內容之一，了解
中國佛教的心性思想也就把握了中國佛教哲學的中心一環」[1]。中國武
術與"中觀哲學"的論"緣起性空"等理論觀點是高度契合的，內涵
深度廣度兼具的哲學澱層。

方立天指出，「中國佛教哲學是在中國社會的政治、經濟、文
化、生活環境中形成的，是中國佛教學者把印度佛教哲學思想與中國
社會實際、中國固有的哲學思想、思維方式、民族心理相結合的產
物。中國佛教哲學的形成、演變和發展過程，就是印度佛教哲學的中
國化過程。它是中國哲學的一個重要環節、方面、內容，是中國哲學
史的重要組成部分。中國固有文化是中國佛教哲學得以形成、發展的
土壤」[2]。佛教在中國經由中國統文化的大熔爐，徹底與中國傳統文化
融合，形成這世界上獨特的中國佛教哲學。它不但保留佛教原有的核
心思想，更與儒家、道家及中國傳統哲學、"陰陽變易"哲學等文化
思想進行一連串的矛盾與統一的歷史進程，使得佛教哲學思想能深入
社會各階層，同時對政治、教育、文化、藝術、武術、倫理等形成深
刻的鑿痕與塑型，其影響是全方位的。中國佛教哲學學者採取中國傳
統哲學的思維與取向，對佛教哲學做了一連串的詮釋，並藉由印度佛
教哲學之本體論、宇宙論、人生論、心性論、現象論、實踐論等思
想，促使中國傳統哲學的煉昇。

美學亦是一種哲學，中國武術要討論美學的問題，不能離開哲學
的範疇，而中國武術又深受中國傳統哲學佛、道二家的影響，因此，
有必要選擇佛、道二家哲學的理論來建構其哲學美學的體系，使其哲

---

[1]方立天，《中國佛教哲學要義-上冊》（中國人民大學出版社，2002），第16頁。
[2]方立天，《中國佛教哲學要義-上冊》（中國人民大學出版社，2002），第6頁。

學美學體系不脫離中國傳統哲學長遠的歷史因素。又中國傳統哲學博
大深遠，欲從中國傳統哲學建構中國武術的哲學美學體系是不可一蹴
可幾的，僅能就其中一部份範疇逐步建構。至於美學的討論，不論東
西方都無法有一明確的定論可以涵蓋所有現象，就如李澤厚指出，
「美學現象極多，卻各不相同。在如此包羅萬象而變化多端的領域
裡，有沒有、能不能存在一種共同的東西作為思考對象或研究對象
呢？能否應否提出這種概括性的普遍問題呢？美是主觀的和相對的，
因人而異，哪裡有什麼共同的標準可找呢」[1]？美學是否存在？應該存
在嗎？中國武術的哲學美學體系是什麼？其本體核心是什麼？具備哪
些要素與特徵？有其原則或規律存在嗎？若上述問題都不存在，人們
是如何欣賞中國武術之"美"？其"審美判斷"的機制是什麼？一般
概念下的"審美判斷"對武術技能藝術的"審美"是否適用？以及武
術表現者對"美"的心靈體驗、反應與回饋如何產生，如何影響其技
術表現？這是我們要探究的課題，而又不能背離中國傳統哲學的重要
因素，此因素的影響是綿密的、深鑿的。例如前面章節之道家老莊哲
學的"陰陽"與"道之美"。而本章節將進入佛教哲學之"中觀哲
學"之實相實義，探討其與中國武術"陰陽、剛柔、虛實、動靜"或
"道"哲學所產生之深遠交融的影響，由中國佛教哲學之"中觀哲
學"的"緣起性空"的思辨切入，深究中國武術之哲學美學體系。由
"中觀哲學"這種深入本質根源的哲學理論，解析中國武術哲學美學
的"拳禪之美"的真實義。「中觀論著眼於客觀環境對人生趨向的作
用，主張一切現象包括意識是相互依持相互作用而存在的，強調從主

---

[1]李澤厚，《美學四講》（廣西師範大學出版社，2001），第3-4頁。

客觀相互交織的關係來觀察和分析事物與現象」[1]。中觀的思想富有極高的審美自由性，其"審美判斷"的過程是直觀性與先驗性的。

中國武術之陰陽調合、意形合一雖源於道家，但表現在佛教文化的少林拳卻與佛教哲學本體論之"緣起性空"有著微妙的相融之處，故少林武術著重拳禪合一，拳拳無心等觀念。學者指出，「禪宗認為不論採用什麼形式，只要修心見性，就能頓悟成佛，其方法是隨緣任往、心注一境。這種理論與武術的意境很相近」[2]。由此可見，佛教思想對中國武術的影響之深切。學者指出，武術是中華民族的瑰寶，作為東方傳統文化的組成部份，不僅具有強身健體、技擊自衛的實用價值，還是一種獨特的表演藝術[3]。中國武術，歷史悠久源遠流長。它聚四海之精華，創民族之特色，顯自然之景物，展宇宙之變化。但從美學意義上來講，這些美的內容要通過一定的形式表現出來。而形式美也不能脫離內容而存在。中國武術技能的表現，實質上就是人類在時空流轉的長期實踐過程中不斷地發現、認識並利用客觀規律，變"自然"為"人化"而成"文化"，以升華其生命"存在之性[4]"的基石。這一歷史過程的結果，使得"自然"之種種現象規律，透過主體意識的本質力量對象化於中國武術技能表現之中。人類從這一對象化的感性形象之中直觀到自身，就產生了中國武術技能表現中的美，一種盈滿著哲學思維的美。中國武術的美，是一種人類思維中對象化的產物，它取決於人的主觀與物的客觀之間的交互影響，它有著一定的現

---

[1] 黃念然，〈佛教中觀論與中國古代美學〉，《湛江師範學院學報》19 卷 4 期（1998），第 68-71 頁。

[2] 康戈武，《中國武術實用大全》（五洲出版社，2000），第 47 頁。

[3] 梁力夫，〈武術套路運動藝術的美學特徵〉，《體育科技》19 卷 2 期（1998），第 67-70 頁。

[4] "存在之性"，它是作為主體的－"人"的"身體知覺"與先驗的"純粹意識"的直觀，其二者之互動關係的本質範疇。

實規律存在，卻無一定的現象發生，在此一定的規律上，任何可能的美都會發生。美學的一定規律可說是核心與要素，這是我們要研究的結論。中國武術技能表現的藝術美，源自於技能表現者對中國武術技能動作攻防、修身、養性涵義的體悟、身體在技能表現時身心靈的高度融合、自然節奏展現、虛實手法運用以及藝術張力的表現；另一方面，來自中國武術技能表現那渾厚的、自然的、自主的、雄壯的氣勢和身體運動的特殊形式，這是主體"人"與客體對象"武術"在主體意識與身體技能上的純粹結合的表現。蔣孔揚指出，「以人與對象的審美關係為核心，把審美關係作為美學研究對象，會使得美學研究的內容無比豐富」[1]。

　　張志勇指出，「中國武術具有豐富多采的美學思想和價值，在內容上帶有極為濃厚的民族審美意識，德藝、形神、剛柔、和諧構成武術美學樸素的辨證思想的基本特徵」[2]。中國武術技能表現的當代思維，已漸漸轉化為一種人體技能藝術的美學思維，而中國武術所重視之陰陽合一、形神合一、節奏自然、剛柔互存、氣韻化轉等特點，亦都成為中國武術技能表現的哲學美學特徵，這些哲學美學特徵都基石於"武術之道"的內涵。這哲學美學的實質內涵是無法脫離其受中國道家、佛家影響的因素，佛家的思想內涵也就深入了中國武術的修煉的思想中，也造就了武術技能藝術的"美學內涵"，因此，由佛家"中觀哲學"解析出了武術技能藝術之**"融合的拳禪藝之美"**與**"超越的活動義之美"**的"美學內涵"。這"美學內涵"的形成深受中國道家之"道"與佛家之"禪"或"中觀"的影響，"禪"或"中觀"訴求一種不受理智思維或二元判斷的誤導，而講究從"空性"的理解

---

[1] 蔣孔陽、朱立元，《美學原理》（上海：華東師大出版社，1999）。
[2] 張志勇，〈論中國武術美學思想的內涵與特徵〉，《成都體育學院學報》24 卷 1 期（1998），第 11-15 頁。

而"直入心性",洞見事物的本質。學者指出,「"直指佛心"的
"悟",可以說是中國武術對佛教借鑒的精華部分」[1],中觀學之"空
性"講究連"空"都得空掉,爲得就是獲得主體本有的"直心",由
"直心"而來的"審美判斷",才能真實逼顯出武術美學的真正本質
內涵,這內涵具備了極致的融合性與超越性,在這本質內涵之中,拳
法、禪心、藝術被融合爲極致的"美",而武術技能自身的活動義也
超越了陰陽、虛實、動靜、開合、進退等二元對立模式。因此,武術
之"融合的拳禪藝之美"與"超越的活動義之美"就是一種"直觀心
性"或"直指佛心"的"審美判斷"。佛家之"禪"與"中觀哲學"
有著殊途同歸的實質內涵,"禪"之所以不立文字,"以心傳心"主
要就在於以"心"體悟"緣起性空"之真實義,這是難以言語的,亦
如中國武術講究"天人合一"之境地,也是難以言說的。這二者都是
以"心"領"境"的現象,若能具體言之,言時亦已失去其"真實
義"。武術技法透過此等高層次的、融合性的、超越性的"審美判
斷",而使得武術技法脫却拳法套路而進入一種自然而然之境,這也
就是"道"的境地,一種既超越又融合的"美學內涵",這是功法、
套路、搏鬥三者融合並被藝術化、哲學化的結果。如「當代武術技擊
家萬籟聲先先,對佛學有很深的研究,其"自然門"武術,要求對敵
之時"自然而然",不受拳套的約束,對後人萬先生有"練自然拳被
打,練自然功打人"之教誨」[2]。對於武術技能藝術我們應努力體悟並
保持這一種融合又超越的"審美判斷",不僅可提昇其"美學內

---

[1]鄭旭旭、袁鎮瀾,〈中日武術對佛學、佛教借鑒的比較研究〉,《武漢體育學報》
 36卷1期(2002),第46-49頁。
[2]鄭旭旭、袁鎮瀾,〈中日武術對佛學、佛教借鑒的比較研究〉,《武漢體育學報》
 36卷1期(2002),第46-49頁。

涵"，對於武術修煉或藝術表現之"審美感知"、"審美意象"與
"審美判斷"都有著極致的昇華作用。

　　鄭學禮指出，「"中觀"佛學的主要教義集中在"空"、"中
道"、"二諦"、"破邪顯正"，這些學說彼此相關，其目的在於指
出諸法皆"空"。"中道"基本上是一種"空"的方式，它是一條途
徑，顯示了思辯推理是不可思議的。眾生不應該執著。在"中觀"的
教義裡，"空"與"中道"通常是可以相互交換的」[1]。"中觀哲學"
言"緣起性空"，"緣起"者為假象，"性空"者為本體，二者實為
一體，難以言說，就如中國武術之"陰陽、虛實"之理一樣，最終都
提煉至合為一體之境界。又如中國武術的"拳禪一體"、"心意合
一"、"無我無他"等修練境界、"美學內涵"與"中觀哲學"中的
"諸法空相"之說是高度契合的。"中觀哲學"之"空性"與武術之
"道"是義同言異，若要真切的掌握"空"或"道"，則必須在思維
上作一徹底的解構，以免落入現象的團霧中，如學者指出，「現象是
由原因與結果、主體與客體、動者與行動、整體與部分、統一與分
歧、持續與毀壞、時間與空間等關係所組成。藉由經驗而認知的任何
事物都依賴條件，所以它不是真實的」[2]。探究"中觀哲學"之"空
性"對中國武術的"審美判斷"是深切重要的，由此"空性"的"審
美判斷"以解析武術美學之融合性與超越性的內涵，這是自覺的、內
在的、本質的內涵。因此，從"中觀哲學"之"緣起性空"的思維切
入，企求由其"空性"之融合性與超越性，探究並歸結出中國武術哲
學"美學內涵"之"融合的拳禪藝之美"與"超越的活動義之美"。

---

[1]鄭學禮著、陳錦鴻譯，〈中觀的基本思想〉，《東吳哲學學報》1卷（1996），第
　115-133頁。
[2]鄭學禮著、陳錦鴻譯，〈中觀的基本思想〉，《東吳哲學學報》1卷（1996），第
　115-133頁。

就武術技能藝術的"審美判斷"而言，這是一瞬間的永恆，一種類似禪宗頓悟之妙，透過主體在去除理知判斷後的直觀的"純粹感性"之體驗，此時當主體自身運作武術技法時親自體驗了"中觀"的"空性"或"禪悟"，當下主體心靈上直覺地感到宇宙與心靈融合的妙境、美麗、愉悅、神秘的精神感受，這就是武術技能藝術的融合性與超越性之"審美判斷"作用，是中國武術的"拳禪一體"、"心意合一"、"無我無他"等修練境界、"美學內涵"或藝術化的內涵。

第二節 "中觀哲學"概述

《中論》云：「不生亦不滅，不常亦不斷，不一亦不異，不來亦不出」。又云：「眾因緣生法，我說即是空，亦為是假名，亦是中道義。未曾有一法，不從因緣生，是故一切法，無不是空者」。又云：「諸佛依二諦，為眾生說法，一以世俗諦，二第一義諦。若人不能知，分別於二諦，則於深佛法，不知真實義。若不依俗諦，不得第一義，不得第一義，則不得涅槃」。又云：「諸佛或說我，或說於無我，諸法實相中，無我無非我。諸法實相者，心行言語斷，無生亦無滅，寂滅如槃。一切實非實，亦實亦非實，非實非非實，是名諸佛法」[1]。

韓廷傑指出，「《中論》是略稱，全稱《中觀論》。三論宗創始人吉藏（公元五四九－六二三年）所著《三論玄義》對"中"字進行了詳細解釋，"中"即中道，中道以諸法實相爲其意義，以佛教正法爲其意義，佛教正法遠離一切語言所表達的意思，也遠離一切往生的生死世界和無往生的涅槃境界，所以一切事物的實相是"空"，是遠

---

[1]《中論》，＜觀因緣品＞第1，《大正藏》卷30，第1頁。

離一切偏斜的"中道"，這種"中道"實相是"言亡慮絕"的，無法用俗人的語言名稱對此進行表達，一切事物的實相是非中非不中，為了對眾生進行教誨，勉強安個名稱叫"中"。因"中"而有偏，因偏而有"中"，"中"和偏相待而立，互為因緣，所以說偏是為了讓人們理解"中"，說"中"是為了認識偏。正如說俗諦是為了讓人認識真諦，說真諦是為了讓人認識俗諦。《三論玄義》區分為四種"中"："一中"意謂只有"中道"是清淨道；所謂"二中"即"世諦中和真諦中"；"三中"即"世諦中、真諦中、非真非俗中"；所謂"四中"就是"對偏中、盡偏中、絕待中、成假中"」[1]。「《大乘玄論》卷五認為："中、觀、論"三字無定，也可以稱為"觀中論"或"論中觀"。正確的觀點智慧能夠認識"中道"實相，把這種"中道"實相宣講出來就是"論"，這就是"觀中論"。"論"只能論述"中道"實相的正確觀點，這就是"論中觀"。關於"中、觀、論"三個字的關係，"中"是根本，因為"中道"實相而生正確的觀點智慧，這就是"觀"，對這些正確觀點進行宣講就稱為"論"。吉藏認為這三個字有兩種次第。佛和菩薩對眾生進行教化的次第就是"中觀論"，眾生接受佛和菩薩教誨的次第是"論中觀"。當佛和菩薩對眾生進行教化的時候，因為"中道"是三世十方諸佛和菩薩所走的道路，所以首先說"中"；"中道"而生佛和菩薩的正確觀點，所以然後說"觀"；佛和菩薩對把這些正確觀點講出來就是"論"。所以最後講"論"。當眾生接受佛和菩薩教化的時候，眾生因為"論"而認識"中道"，因"中道"而生正觀。佛和菩薩都有自行、化他二德，自行即自己的覺悟，化他是使他人覺悟，由"中道"實相而生正觀，這就是自行。"論"是化他，佛和菩薩對眾生進行教化必須具備三個

---

[1]韓廷傑，《中論-中國佛教經典寶藏精選白話版》（佛光出版社，1997），第3頁。

條件：一是"中道"實相之理，二是由"中道"實相之理而生的正觀，三是由正觀而宣講的「論」。"中道"實相是境，正觀是智慧，如論而行就是"觀"，如行而說就是"論"，所以立"中、觀、論"三個字」[1]。上述所云之佛和菩薩可解釋爲：正確理解、掌握"中道"或"中觀"真實義者。

韓廷傑，「龍樹（中觀思想創作者）接受了佛陀的"中道"思想，並且把它發揚光大，不僅把它運用在生活方式上，而且擴大到一切哲學與宗教論題。他發現，哲學家與宗教家常有一種二元思考的模式，他們傾向把事件描述爲："生或滅、常或斷、一或異、來或去"。對"中觀"而言，這些描述都是極端的看法。他們肯定佛陀的"中道"思想，破除極端，免於"有"（is）"無"（is not）二見。"中道"躍過了肯定及否定，它是一條摒棄二元思考的路途」[2]。中國武術之虛實、剛柔、開合、陰陽等也是一種普遍的二元思維，而中國武術之終極境地則與中觀哲學強調之摒棄二元思維之意涵是相同的。武術中之"拳禪之心"也就是到達一種多元合一的、不分別的一種思維心境，以此心境掌握武術的技能表現，則爲一種拳禪表現。《中論》云之：

> 不生亦不滅，不常亦不斷，不一亦不異，不來亦不出[3]。

此"不"並不是單一的"否定"之意，它是雙重的或多重的"否定"之意，對於"不"也需再次"否定"，也就是"空"亦得"空"，"空"只是假名而已。故反而言之，並不是"否定"了一切

---

[1] 韓廷傑，《中論-中國佛教經典寶藏精選白話版》（佛光出版社，1997），第 4-5 頁。

[2] 鄭學禮著、陳錦鴻譯，〈中觀的基本思想〉，《東吳哲學學報》1 卷（1996），第 115-133 頁。

[3] 《中論》，＜觀因緣品＞第 1，《大正藏》卷 30，第 1 頁。

之後將一切視爲“無”或“空”，也不是肯定了一切而將一切視爲
“有”，而是應了解其“空”所蘊藏的涵義，對中國武術而言，這是
中國武術的終極境地，亦是武術技能藝術之“道”的表現，“道”所
蘊藏的內涵實義在武術技能藝術的表現。馮友蘭認爲，「因爲“道”
無名，所以不可言說。但是我們還是希望對於“道”有所言說，只好
勉強給它某種代號。所以是我們稱它爲“道”，其實“道”根本不是
名」[1]。它是不執著於二元思維的武術修爲，也是“中道”的表現。學
者云：「少林拳以“拳禪一體”爲特點，是佛教文化滲入武術的集中
表現」[2]。爲了體悟“拳禪一體”之境，武術亦引用了禪宗之坐禪、行
禪之法，這是武術與佛教文化融合的現象，中國武術也因此而獨具
“禪意”、“中道”之內涵，這一“禪意”、“中道”之內涵也與莊
子之“心齋”、“坐忘”相同，是將理智性的分解思維模式給予破壞
或排除，剩下純粹質淨的直觀思維，所以禪宗常講“直入心性”，也
就是在以“純粹意識[3]”下的直觀思維起著“審美”的觀照，這是符合
“禪意”、“中道”或“心齋”、“坐忘”的“美學內涵”。學者指
出，「中觀論對傳統美學的浸漬主要表現在其中觀思維義法中，其
一，中觀論“色不異空，空不異色”的世界觀影響了傳統美學對美之
真幻和藝術意境特徵的看法；其二，中觀論對“空有關係”的辯證論
述對傳統審美範疇特別是矛盾範疇的處理極有影響，形成了以“不即
不離”方式處理審美矛盾範疇的所謂“詩家中道”；其三，中觀論
“雙遺雙非”法的系統運用，使得傳統美學中呈現獨特的審美體驗的

---

[1] 馮友蘭，《中國哲學史》（華東師範大學出版，2000），第83頁。
[2] 康戈武，《中國武術實用大全》（五洲出版社，2000），第47頁。
[3] 同“純粹自我”的意識。指經過現象學的還原後剩餘下來的那個不可歸約的主體。
　這是一片絕對、純粹意識的領域。它包含著意向活動和意向對象構成的意向結構。
　“純粹自我”是對具有這種意向結構的“純粹意識”的統稱。《哲學小辭典》（上
　海辭書出版社，2002），第226頁。

言說方式；其四，中觀論中的"三諦圓融"說則直接影響了中國佛學中以圓爲美、以圓論藝、以圓爲最高境界的審美思想」[1]。

第三節 "緣起性空"之"審美判斷"

宇宙間的所有現象，都因緣合聚散滅的關係而存在的，也就是"中觀哲學"中所說的"緣起性空"義。因爲種種現象的存在，都是依著因緣的，因此，無不受著種種不同的拘束與作用，因拘束與作用的不同，而有著不同的存在現象，此謂之"無自性"。正如印順導師在《中觀今論》中云：「凡是緣起的，即是無自性的；無自性的，即名爲"空"。"緣起"即"空"，是中觀大乘最基本扼要的論題。自性，爲人類成見的根本錯亂；"空"，即是超脫了這自性的倒亂錯覺，現覺到一切真相」[2]。方立天指出，「"空性"，從存在論上說，一切由原因條件構成的存在都是無自性、無實體的，其實質是"性空"；"空"理，從認識論上說，"空"反映了一切由原因、條件構成的存在的本質，空是真理，認識"空"理，就是認識了存在的真實本質，把握了佛教的根本真理；"空"境，從境界論上說，修持者體悟"空性"，契合"空"理，也就進入了生命的澄明之境—"空"境，在一些佛教學者來看，"空"境就是佛教的最高境界；"空"觀，從方法論上講，"空"既然是萬有的本性，宇宙的真理，生命的澄明境界，也就應轉化爲一種修持方法—空觀，要求觀"空"的實相，不把存在和見解執爲實有」[3]。另外，鄭學禮對"空"的意義也作了闡述，「"空"的各種意義可以具體地運用在中觀的否定歷程中，

---

[1] 黃念然，〈佛教中觀論與中國古代美學〉，《湛江師範學院學報》19卷4期（1998），第68-71頁。
[2] 印順導師，《中觀今論》（正聞出版社，2000），第1-2頁。
[3] 方立天，《中國佛教哲學要義》（中國人民大學出版社，2002），第13頁。

在第一個層次中，看起來像是真實的世俗界其實並非真實。吉藏把這種層次稱之爲"存有之否定"；在第二層次中，"空"被用來取消二元的思考模式；在第三個層次中，"空"是指單一的，二元的與多元的世界觀都無法被接受。它是概念化思維的否定，二元與非二元的否定。在這個階段，人應該是從一切執著中解放出來，如果到了這個階段，"空"就是指無執」[1]。"無執"的"審美判斷"應是自由度廣闊無限的，"無執"的"審美判斷"應是自覺於主體的身體知覺的，它是一種直觀的思維現象，對象的真實本質顯露於主體的"審美判斷"中，其實這也就是現象學的"回到事物自身"的概念，因爲"空"就與現象學的"還原"或"懸置"有著相同的作用。

　　"緣起"即"性空"，那有"空"就一定有"有"的存在了？還是"空"本身也是"空"呢？假如"空"也不存在，那"空"應該只是一種工具或如中論所言之"假名"而已！《中觀今論》中云：「《智論》曾這樣說："爲可度眾生故以假名說"」[2]；《中論》青目釋也說：「"空"亦復"空"，但爲引導眾生故以假名說。"緣起"無自性即"空"，如標月指，豁破有無二邊的戲論分別而寂滅，所以"空"即是"中道"。"中道"依"空"而開顯，"空"依"緣起"而成立。依緣起而自性明"空"，無自性即是"緣起"；從"空"無自性中洞達"緣起"，就是正見了"緣起"的"中道"。所以，"緣起"、"空"、"中道"，在佛的巧便說明上，雖有三語的不同，而三者的內容，都不外用以顯明事物的本性」[3]。中國武術哲學美學的思維離不了"道"這個字，此"道"在某些層面的思想義涵是與中國佛

---

[1] 鄭學禮著、陳錦鴻譯，〈中觀的基本思想〉，《東吳哲學學報》1卷（1996），第115-133頁。
[2] 印順導師，《中觀今論》（正聞出版社，2000）。
[3] 印順導師，《中觀今論》（正聞出版社，2000），第2頁。

教的"中道"同義的,例如"拳到無心"與"空"在義理根源上是相同的,拳之無心即無預先設定之立場,在時間與空間的廣度與深度之中,拳法處處在。若心境無法體悟此"真空"之"中道義",則易將武術拳法限於僵制的範域之中。若從"緣起性空"義看中國武術技能表現則爲一"真空妙有"的美學思維,其本質根源在於主體意識的作用,此作用本質是"空"的,因爲是"空"的所以可以作用,進而產生各式樣的美學思維或"審美判斷"。另而言之,技能表現者的主體意識的本質亦是"空"的,也因此而能發展出各式樣的中國武術技能表現方式。當然,現今武術動作仍有相當嚴格的規範存在,因此,所謂"拳禪之美"是基於表現者與武術之間的融合度,也就是拳法體現出主體內在的禪境,並不是體悟了"空"性之後,而完全捨棄了武術要求的動作規範。主體內在的禪境,也就是藝術不同於技藝的內在情感表現與外在技能表現的完美結合,這是一種完善的"融合的拳禪藝之美",而不只是技藝美而已。

「世間萬物雖然都是假名,但領會其主要用途,共分爲四種:因緣假、隨緣假、對緣假、就緣假。如果辨別非常深奧的因緣意義,就是因緣假,如真、俗二諦,因"空"而"有",因"有"而"空","空"、"有"互爲因緣,這就是因緣假。隨順眾生的根緣,因人而宜地說法,這就是隨緣假。爲了對治常而說無常,爲了對治無常而說常,這就是對緣假。外道認爲世間萬物都是實際存在的,佛和菩薩對此進行探究,最終結果是空,這就是就緣假。就四假來說,《中論》多用就緣假」[1]。龍樹《中論》云:

　　眾因緣生法,我說即是空,亦爲是假名,亦是中道義。

---

[1]韓廷傑,《中論-中國佛教經典寶藏精選白話版》(佛光出版社,1997),第8頁。

未曾有一法，不從因緣生，是故一切法，無不是空者。[1]

上述偈文中，可見"空"、"假名"、"中道"三個重要名詞，為何"空"又是"假名"呢？而且正是本文所要論及之「中道」呢？"空"、"假名"、"中道"這三個詞可以統而整之為一個"空"字，但對此"空"字的體悟與詮釋就極為重要，"空"並不是一種否定與滅除，也不是指空間或時間之謂，它是一種現象的代名詞，它只是傳達的工具，而不是目標或目的。這與中國武術終極境地之"道"是一樣的，"道"也只是代名詞，是無言可謂之的。如此之"空"或"道"是客觀世界存在的現象，而卻必須透過主體的心靈意境才能體悟的。"空"、"假名"、"中道"亦可統而整之為"道"或"中道"，它並不會因名稱不同而改變其內在涵義。"緣起"的現象或事物一定是"空"嗎？其實青目對此有很好的見解：

> 眾緣具足，和合而生物；是物屬眾因緣，故無自性；無自性，故空。空亦復空。但為引導眾生故，以假名說。離有、無二邊，故名為中道。是法無性，故不得言有；亦無空，故不得言無。[2]

青目釋云："是物屬眾緣"[3]。此意指所有事物並無自己內在真實不變的本質。換言之，事物是依屬在眾緣條件上，當這些條件有所變化時，事物也會隨之而變化。所以說，緣起無自性，無自性即空。中國武術之技能表現的本質亦是緣起無自性，這無自性是自然的必然存在，其無自性空也就本質地內在於事物現象之中。海德格爾說，「"此在"的本質就在於它的"存在"之中」[4]。因此，真實的本質是深深隱藏在事物本身的存在之中，此存在早已被非安定的、非自由

---

[1] 《中論》卷4，<觀四諦品>第24，《大正藏》卷30，第33頁。
[2] 《中論》卷4，<觀四諦品>第24，《大正藏》卷30，第33頁。
[3] 《中論》卷4，<觀四諦品>第24，《大正藏》卷30，第33頁。
[4] 海德格爾，《存在與時間》（北京：三聯書店，1987）。

的、非根源的偽裝層層包覆,我們需透過思辨的方法將之層層去除,始得獲見"此在"的本質,洞見中國武術技能表現的真實本質是"真空性的妙有",是一種**"超越性的活動義"**,也是"中道"的真實表現。印順導師在《中觀今論》中云:「《中論》確是以大乘學者的立場,確認緣起、空、中道爲佛教的根本教義」[1]。龍樹在《大品般若經》<十八空>中云:

> 空,破一切法,唯有空在。空,破一切法已,空亦應捨;以是故,須是空空。復次,空緣一切法,空空但緣空。如一健兒破一切賊,復更有人,能破此健人;空空亦如是。又如服藥;藥能破病,病已得破,藥亦應出。若藥不出,則復是病。以空滅諸煩惱病,恐空復為患,是故以空捨空,是名空空。[2]

所以,一切皆"空"之"空",也得"空"掉。否則容易誤解"空"的實相,恐會有人執"空"爲實有,認爲"空"是真實存在的真理,以此"空"的真理來破除一切戲論。殊不知,此"空"亦是幻有的,不可執著。此"空"亦可泛指"一切法",一切可破除戲論的法,此法亦是幻有的。楊惠南《龍樹與中觀哲學》中指出,「龍樹這種無所不空,連"空"也"空"的"空",最容易被曲解成爲"虛無主義",例如"空"中沒有四聖諦等」[3]。事實上若將龍樹所說的"空"定義爲"虛無主義",那則是大大地違背了龍樹"空"的真義。龍樹在《中論》中對此有透徹解釋:

> 汝謂我著空,而為我生過,汝今所說過,於空則無有。
>
> 以有空義故,一切法得成,若無空義者,一切則不成。[4]

---

[1] 印順導師,《中觀今論》(正聞出版社,2000),第24頁。
[2]《大智度論》卷31,《大正藏》第二十五冊,第282頁。
[3] 楊惠南,《龍樹與中觀哲學》(東大出版,1988),第86頁。
[4]《中論》卷4,<觀四諦品>第24,《大正藏》卷30,第34頁。

　　"空"亦爲"空"之理，是應眞實體悟的，若以執著之念看待，則"空"不成"空"。「綜觀《中論》的全部思想，龍樹極力破斥的是一切法並無自性可得，以論證"空"義的成立，但又恐流於執"空"見，故言"空"本身亦非實，無自性可得。由此總破有爲、無爲法，說明一切法皆無自性故"空"的眞理，表現出龍樹徹底否定的批判精神」[1]。龍樹的"空"旨在於針對事物的"自性"做一個否定，但並不代表其對事物的作用與功能也一同否定。楊惠南《龍樹與中觀哲學》中指出，「龍樹的"空"並不"否定"（遮）任何事物（說它否定事物只是方便說），"空"的功用只在"讓我人知道"事物的"自性"是不存在的－"空"的。這樣的"空"並沒有"破壞諸法"（《般若經》中所謂的「壞諸法相」），亦即，並沒有把"有"的說成"無"（空）的；這樣的"空"，怎麼可以說是"虛無主義"呢？所以，我人以爲，龍樹的"空"，不但不是消極的"虛無主義"，而且，相反地，是積極的"肯定主義"」[2]。

　　中國武術哲學美學的本質根源主體意識的作用，但若按照上述"空"義而論，主體意識的作用是一種"緣起"，其本性是"空"的。這樣的論述並無不當，只是對"空"的體悟容易產生誤解。中國武術哲學美學的核心是根植於"人"的意識，此意識的本性是"空"的，因此，具備了不定性、變動性，"人"的意識對中國武術哲學美學的判斷亦爲不定性、變動性的，此判斷的本性亦是"空性"。但重要的是，此"空性"破除了"人"的意識在時間與空間的設限思維，成就了中國武術的哲學美學思維，破除了"陰陽對立"的二元思維，成就"超越融合"的哲學美學思維，這也就是上述提及的"超越的活

---

[1] 陳學仁，《龍樹菩薩中論八不思想探究》（國立中央大學中國文學研究所碩士論文，1998），第149-150頁。

[2] 楊惠南，《龍樹與中觀哲學》（東大出版，1988），第89頁。

動義",超越陰陽、虛實、剛柔等二元思維的侷限性。中國武術講求
"道"的境界,也就在此"空性"的思維下,得以體現與彰顯,這可
謂之"**萬緣空性,道法自然**",由"中觀哲學"的"空"義,我們推
論出中國武術獨具的一種"**超越的活動義之美**"。康戈武指出,「少
林拳入門基功是站騎馬樁。此法不僅用作增強腿力、加固下盤穩定性
的外功訓練手段,也作爲養氣平心的內功練習手段。其練習要求多與
禪定修持法相通」[1]。

龍樹在《中論》中云:

汝破一切法,諸因緣空義,則破於世俗,諸餘所有法。[2]

一切現象事物皆由因緣而存在,而因緣所代表的就是"空"義。
緣緣相續、緣緣合成。一切現象無時不在改變,合成之因緣不斷續地
改變,或許巨大改變,或許些微改變,或許極細微改變。這些改變可
能是加入新的因緣,可能是減少原有的因緣,亦可能是因緣轉變之
故,所以現象存在的狀況改變,如此相續,成住壞空,循環不已。故
說"諸因緣空義"。欲掌握中國武術的實質內涵,則必須以一種"融
合性"、"超越性"的哲學思維進行修煉,如此的"融合性"、"超
越性"是"道"或"中道"的真實體現,中國武術若無法以此"融合
性"、"超越性"的思維爲進路,則易落入"僞裝性"的假象時空之
中,那將會捨本逐末地離卻"道"或"中道",相同地,對於中國武
術哲學美學內涵的掌握與判斷,亦爲如此。當今些許武術套路規範嚴
格要求武術的種種基本式樣,如步型、手型、步法、腿法、身法等等
的制式要求,幾乎已讓中國武術的"融合性"、"超越性"的內涵無
自然、自主、自由的空間。

---

[1] 康戈武,《中國武術實用大全》(五洲出版社,2000),第 47 頁。
[2] 《中論》卷 4,<觀四諦品>第 24,《大正藏》卷 30,第 33-34 頁。

龍樹對 “空” 的解釋，在另一部重要的著作《迴諍論》，其中對 “空” 的論點有另一層的闡述與說明。楊惠南在《龍樹與中觀哲學》指出，「《迴諍論》一般相信，是批判正理學派的作品。正理學派以爲獲得正確知識的方法（標準）有四種，稱之爲四 “量”，它們是：（1）現量，即知覺；（2）比量，推論；（3）聖言量，又稱 “阿含”，即聽聞；（4）（譬）喻量，即比較或認同。《迴諍論》最主要的工作之一，即是指出正理學派所主張的四量是虛幻不實－ “空” 的東西」[1]。「《迴諍論》的精彩處，不但在批判正理學派的四量，還回答正理學派所提出的一個問難： “空” 否定了一切事物， “空” 到底否定或不否定自己？換句話說， “空” 是 “空” 的嗎？若 “空” 也是 “空” 的，那麼 “空” 必是無有作用的東西，亦即， “空” 不能否定諸法，因爲一 “空” 的東西，必定不能否定任何事物；反之，若 “空” 是不 “空” 的，那麼 “諸法皆空” 這一句話就不對了，因爲至少有一 “空” 法是不 “空” 的。正理學派的問難是採用 “兩難式”（dilemma）的論式：（1）如果 “空” 是 “空” 的，則 “空” 不能否定事物，亦即，諸法不 “空”；（2）如果 “空” 不是 “空” 的，則諸法不 “空”，因爲 “空” 這一法是不 “空” 的」[2]。

其實這個問難本身也是「空」的，爲什麼？因爲這個問難也是一個「法」，此法亦是「因緣所生」，只要是因緣所生的法，則無自性，所以是「空」的。龍樹《中論》云：

諸法不自生，亦不從他生，不共不無因，是故知無生。

如諸法自性，不在於緣中，以無自性故，他性亦復無。[3]

[1] 楊惠南，《龍樹與中觀哲學》（東大出版，1988），第 76-77 頁。
[2] 楊惠南，《龍樹與中觀哲學》（東大出版，1988），第 79-80 頁。
[3] 《中論》卷 1，＜觀因緣品＞第 1，《大正藏》卷 30，第 1-2 頁。

所以此問難並不是從自體產生的,也不是從他而生的,是因緣所生法,是"空"的。其實針對上述這個問難,龍樹的回答是:

> 我語亦因緣生,若因緣生,則無自體,以無自體,故得言空。以一切法因緣生者,自體皆空。[1]

龍樹意指:"空",此語真實的作用只是一個"媒介",透過這個"媒介"傳達"緣起性空"之實相。若不知此理者,則將此"媒介"視爲一個實物來加以評論,根據龍樹在其經論中的回應,可以得知此"媒介"亦是緣起法,凡緣起法,即無自性,即是"空",故說"空"亦"空"也。雖說"空",但並不否認掉"緣起法"的作用,故龍樹以"空"之媒介作用,傳手達"緣起性空"之真義,以幻取真,以凡養聖,以緣起法之用,解緣起法之性。故"空"之媒介如以手(媒介)指月(實相),若執著於手(媒介),則不知月(實相)。

印順導師在《中觀今論》云:「緣起與自性是絕對相反的,緣起的即無自性,自性的即非緣起。依"中觀"說,"中觀"何稱爲緣起宗,其他各派可稱爲自性宗。若以"緣起"與"空"合說,"緣起"即"空","空"即"緣起",二者不過是同一內容的兩種看法,兩種說法,也即是經中所說的"色即是空,空即是色"。"緣起"與"空"是相順的,因爲"緣起"是無自性的"緣起","緣起"必達到畢竟"空"。在"中觀"者,因爲一切法畢竟"空",所以有不礙生死流轉以及還滅的"緣起"法。"中觀"所說的"空",不是都無所有,是無自性而已。所以"空"與"緣起"是相順的,如離"緣

---

[1] 《迴諍論》,《大正藏》卷32,第18頁。

起"說"空",說"緣起"不"空",那才是惡取"空"。如《般若
經》說:"一切法自性不可得,自性不可得即一切法之自性"」[1]。

　　中國武術技能表現亦為一切法自性不可得,自性不可得即一切法
之自性,關於審美判斷也是如此,主體意識的種種想像都是無自性的
緣起,本性是"空",因此,關於中國武術哲學美學的種種思維,透
過"中觀哲學"的透析之後,此思維是一種藝術"融合性"、"超越
性"的主體性思維,它具有豐富的哲學思想,亦是**超越主體性的活
動義**的本質。例如其拳理、拳式亦是媒介,媒介有其作用,但人多
執於拳理、拳式而未達拳理、拳式之源頭真義。武術講究太極,但對
太極的真實義的體悟則少有真切,太極的真切體悟就是不斷活動的、
不斷超越的、不斷不常的、不一不異的現象,太極之究竟義乃為
"道","道"則無言,實義與"中觀哲學"之"空"義似同,二者
說法不同,實義則歸源同一。

　　學者云,「武術太極說:易有太極,是生兩儀。以太極為產生萬
物的本源。認為有靜無形的內動外靜之態就是太極。武術兩儀說:指
天地或陰陽。孫錄堂依動為陽、靜為陰之理,合稱動、靜兩儀。孫氏
還視左右變轉為陰陽轉換,把八卦掌的左、右繞圓走轉,合稱為兩
儀。武術剛柔說:剛屬乾,乾為天,為陽;柔屬坤,坤為地,為陰,
剛柔相摩、相推,宇宙間的萬物、萬事才能產生變化」[2]。動與靜是
"緣起法";陰與陽是"緣起法";乾與坤亦是"緣起法",如上述
"緣起法"有其作用,其性則是"空"義。武術中之太極拳亦是同理
可證,太極拳理、拳式亦是媒介,媒介有其作用,但人多執於拳理、
拳式而未達拳理、拳式之源頭真義。中國武術的技能表現以"中道"

---

[1] 印順導師,《中觀今論》(正聞出版社,2000),第79-80頁。
[2] 康戈武,《中國武術實用大全》(五洲出版社,2000),第50-54頁。

思維為核心，對於二元思維的若陰陽念不分、動靜意不別，似太極非太極；非太極是太極，萬事萬物合一不別，如此是否更接近"道"之真義，"合一"就是主客之變動的互動關係中的超越性與融合性，若只注意到對象的形式或性質，則無法領悟"合一"的意境，這是純粹直觀的"審美判斷"，不受經驗意識的羈絆。康德指出，「"審美判斷"只把一個對象的表象連系於主體，並且不讓我們注意到對象的性質，而只讓我們注意到那決定與對象有關的表象諸能力底合目的的形式」[1]。一般知覺下的判斷，容易受到主體經驗意識的影響，侷限於對象特徵或性質的判斷，而忽視了對象連系於主體的互動關係上。"中觀哲學"的"空性"，也就是指這一主客體間的變動的互動關係，因為這一關係是變動不安的互動，所以是"無自性"的或"緣起"的，因此，以"空性"來表示這一變動的互動關係，客觀世界就在此關係的互動下存在的。能領悟這一層關係，就能領悟"天人合一"之境或"道"之境了。

所謂"天人合一"，天即宇宙萬物，人即宇宙萬物之一，本是同源，何須先分後合。中國武術技能表現的"陰陽合一"之境地，也正體現著"中觀哲學"的"緣起性空"義，中國武術的"禪心"也就是"緣起性空"義的哲學美學思維，中國武術的修煉者對於"中觀哲學"的心領神會是促使中國武術哲學美學升華至"拳禪"的境地，體現著中國武術技能藝術的**"融合的拳禪藝之美"**與**"超越的活動義之美"**，這必須由"心"引領著"身"修煉起，使主體"意境"與"技能"相互融合並不斷地超越。

「龍樹菩薩論證"不生不滅"，是就一切事物皆緣生無自性，沒有實在的生與實在的滅。沒有正見"緣起性空"義，則易執著一切事

---

[1] 宗白華譯，《判斷力批判-上卷》（商務印書館，1964），第66頁。

物有自性的生及自性的滅。如果以爲直覺親證法有生滅，則不是真悟，反而是愚癡妄計」[1]。「一類世間的學者，以抽象的思想方法，以爲宇宙根本的存在是有，與有相對的不存在是無；從有到無，從無到有，而後成轉化的生滅。這是以爲先有無而後生滅的。依佛法，凡是有的，必然是生的，離卻因緣和合生，即不會是有的。因此，因中有果論者的"有而未生"，爲佛法所破」[2]。"生滅"如何算計？如何判斷？何種現象爲"生"？何種現象爲"滅"？生與滅是靜態亦或動態的？生滅的最小單位是什麼？上述這些問題的出發點是否符合中觀思想？其實答案是明確的，即說諸法無自性，皆因緣起，那何來生滅！現象存在皆因緣起而不斷變化，每每變化皆是生滅，皆因緣起。時時皆生滅、處處皆生滅。生時有滅緣，滅時有生緣。緣緣相續，互爲因果。了解生之緣起，就可了解滅之緣起。因爲緣起，世間一切現象因而存在，因爲緣起，世間一切現象的生滅因而成立。龍樹云：

　　諸法不自生，亦不從他生，不共不無因，是故知無生。[3]

　　諸法無自性，不從自體生，也不從他體而生，也不是自體與他體合而生之，也不是毫無因緣而生，故說不生。那不生是實有的，因爲所有事物都不生，所以只有不生是真實。如此說是否正確？其實不生只是假名不生，其意涵仍是空性。那麼龍樹"八不"的否定，是一種肯定嗎？上述這偈中，龍樹主要傳達緣起性空之真義，透過四句論證的方法加以論證不生不滅之義。四句論證是龍樹中論的一個特色，設立四個可能，並一一加以否定。例如上述這首偈即是，設立了自生、他生、共生與無因生四者，再依緣起性空的角度，破斥此四者。

---

[1] 陳學仁，《龍樹菩薩中論八不思想探究》（國立中央大學中國文學研究所碩士論文，1998），第 381 頁。
[2] 印順導師，《中觀今論》（正聞出版社，2000），第 86 頁。
[3] 《中論》卷 1，〈觀因緣品〉第 1，《大正藏》卷 30，第 1-2 頁。

論證一切法皆無自性，但並非否定世間存在的一切事實，而是針對以自性實有的角度執著世間一切實有的戲論。由於"中觀哲學"之範疇廣大精深，本以"緣起性空"之義作為研究範疇，期未來能再針對"八不中道"作更深入的探究，並結合中國武術之哲學美學的實質內涵，體現其"八不中道"之雙邊否定的"生滅之美"、"常斷之美"、"一異之美"、"來去之美"等。

中國武術的技能表現所強調之陰陽、虛實、動靜、開合、剛柔、節奏、氣韻等美學要求，都是人對自然的反應過程與結果，屬於宇宙世間的諸多現象之一，離不開"中觀哲學"之"空性"，而中國武術之哲學美學內涵乃基於"道"與"禪"之基石或說基於"中觀哲學"之"空性"，也就是"道"的真實義，進而使其"陰陽"之理發生種種變易，一切皆是"緣起"義。在中觀學"空性"的思維下，武術作為一種動態的人體技能藝術，一切的武術動作都是平凡且寫實的，是自然且人性的。武術透過"陰陽學說"而衍生之虛實、動靜、開合、內外、進退的概念，都將被中觀學之"空性"在本體上所包融並超越，此時虛實、動靜是二合一的整體超越觀，因虛實、動靜的合一，武術方能隨應自然而化萬千，不受拳套規範之侷限，而運用自如全然於主體之"直心"。這"直心"就是中觀學"空性"之真實表現，也是禪宗"直指心性"的表徵。因此，對於武術技能藝術的"審美判斷"就在此"直心"之中。對此"直心"之"審美判斷"的理解，需由哲學之高度切入，這是感性的昇華。如李澤厚對禪意"審美判斷"的說明：「從哲學上說，它便正是由於感性的超升和理性向感性深沉積澱所造成的對人生哲理的直接感受，這是一種本體的感性。……由於妙悟的參入，使內心的情理結構有了另一次的動盪和增添：非概念的理解──直覺式的智慧因素壓倒了想像、感知而與情感、意向緊相融合,構成它們的引導」[1]。這一"直心"的、"空性"的"審美判斷"對武術的"美學內涵"有著提煉其本質內涵的實質作用,不過這得透過高度的哲學思辨過程來完成。直心"的、"空性"的"審美判斷"就現象學的理論來說,就如"純粹意識"、"純粹自我"的純然的直觀思維或先驗思維。

第四節　現象學解析

主體的思維作用於客觀世界的種種現象,因而主體的思維反被客觀世界帶給主體的經驗化的規律給限制了,使得主體的思維往往侷限於對象的表層現象而無法觀照其本質的全面性。主體的思維必須具備沒有任何預設前提的條件下,或說不被思維習慣化、僵化的引動而陷入假象的團霧中。梅洛龐蒂認為,「造成物體實在性的東西,就是奪取我們對物體所擁有的東西」[2];「作為一切思維的先決條件,它們被當作是不言而喻的,但却無人注意到,為了喚起它們,為了使它們顯現,我們必須暫時地懸置它們」[3],這意謂著,為了使主體的直觀思維顯現,我們必須將自身的體驗、經驗或習慣給予懸置,以求得純淨的思維時空,其主體的直觀思維才得以顯現,這也就是中觀學所訴之之"空性",對於武術核心層的美學內涵亦應在此確立。"空性"是中觀學獨特的"審美判斷"方法,它使主體棄絕了思維所能涉及的一切,將思維引入了不假任何判斷的本性上,這是主體本有的"存在之性",也可說是主體本有的一種直觀性的"知覺體驗",這一直觀性的「知覺體驗」不受理智、知識經驗的障礙,對於客觀世界的種種現

---

[1] 李澤厚,《華夏美學》(天津社會科學院出版社,2001),第 261 頁。
[2] Merleau-Ponty, Maurice, (1962). *phenomenology of Perception*, p.233。
[3] Merleau-Ponty, Maurice, (1962). *phenomenology of Perception*, preface xiii。

象直觀式的體驗，在知覺的瞬間就掌握了對象的本質面目，這亦是
"空性"也是或禪宗之"直心"所要訴及的。梅洛龐蒂說，「如果我
能與物體聯繫，那麼不是因爲我從內部構成物體；而是因爲我藉由
"知覺體驗"發掘世界的深處」[1]。

　　中觀之"審美判斷"是建立在"空性"的基礎上，正如上述所提
"空性"涵藏了"活動義的超越性"，若我們從現象學的角度切入，
這一"空性"或"活動義的超越性"是基於主體的知覺上，就美學而
言，這就是"審美感知"，也是"審美判斷"的基礎。吳汝鈞指出，
「在哲學上，知覺本來是知識論中的一個詞彙，表示較爲複雜的一種
感性能力，或帶有輕微概念思考成份的感覺能力。在佛家的邏輯，學
者通常譯現量爲直接知覺，表示現前接受外界感覺與料的機能」[2]。中
觀所云之"空性"就是一種摒除了理性思維、經驗知識的種種分解性
的判斷，除却了二元思維的僵化模式，將主體審美的侷限性破除掉，
獲得極致的時空範域，放任"審美感知"置於絕然自由的狀態，使得
主體能有效地掌握審美對象的本質，並以"回到事物本身"或不作任
何判斷的"先驗主觀"來進行愉悅的、妙悟的"審美判斷"。這樣的
現象學"本質還原"與"先驗還原"可以有效地解析武術美學的
"道"內涵，它與中觀的"空性"有著本源上同質性。中觀講究主體
意識需先達到"空性"，方能掌握事物的本質，而自由自主的生起萬
法，也就是"緣起性空"的本義；而現象學講究"本質還原"與"先
驗還原"後的"純粹意識"，由此"純粹意識"來掌握事物的本質。
武術作爲一種人體技能藝術，本身就具有著強烈的直觀性，它無法靜
止於某一畫面而常久不變，對於這一獨特的藝術，透過中觀學的"空

---

[1] Merleau-Ponty, Maurice, （1962）. *phenomenology of Perception*, p.204。

[2] 吳汝鈞，《胡塞爾現象學解析》（台灣商務印書館，2003），第 145 頁。

性”的理解，以無侷限性的直觀思維來進行“審美判斷”。學者指出，「藝術不是邏輯思維，審美不同於理知認識，它們都建築在個體的直觀領悟之上，既非完全有意識，又非純粹無意識。禪接著莊、玄，通過哲學宣講了種種最高境界或層次，其實倒正是美學的普遍規律」[1]。以“空性”爲基理，對事物的“審美判斷”採取一種自然的“無心”，因“無心”而能有種種最高境界或層次的“審美判斷”，因爲“無心”而“審美判斷”方能直觀其本質，洞見其美學內涵的真實面目。李澤厚說，「自然界本身是無目的性的。它們本身都是無意識、無目的、無思慮、無計劃的。也就是說“無心”的。但就在這“無心”中，在這無目的性中，却似乎可以窺見那個使這一切所以然的“大心”、大目的性———而這就是“神”。並且只有在這“無心”、無目性中，才可能感受到它。一切有心、有目的、有意識、有計劃的事物、作爲、思念，比起它來，就毫不足道，只有妨礙它的展露」[2]。此無心也就是現象學所要求的懸置了一切理智與經驗的判斷，而對對象作出本質性的直觀思維，以掌握對象的真實本質而避免因理智判斷的有限視角，而導致不過全面整體的認識，進而作出錯誤的判斷。武術技能藝術的“審美判斷”更是應注意避免其理智與經驗判斷的障礙，而使得自身已涵藏豐碩的哲學內涵的中國武術，被理智地分解成非完整性的“審美判斷”。以中觀學之“緣起性空”理論所推論出的類似於現象學“本質還原”、“先驗還原”的**融合的拳禪藝之美**與**超越的活動義之美**，是不容易借助量化的科學方法予以評斷的，但這卻是中國武術真實本質的“美學內涵”，它就如同道家之

---

[1] 李澤厚，《華夏美學》（天津社會科學院出版社，2001），第 254 頁。
[2] 李澤厚，《華夏美學》（天津社會科學院出版社，2001），第 255 頁。

"道"一樣，具備了極大的模糊性與想像性，也正是因爲如此，中國武術的"美學內涵"才能具有"融合性"與"超越性"。

「從認識論來說，空是一種無執之見，真理不是絕對爲真。推論的知識不能提出真正的智慧，覺悟即是棄絕概念化思維。從形上學來說，"空"是指一切事物都沒有確定的性質、特徵與功能。並且從形上的觀點是不可理解而應該加以揚棄。這並不是在鼓吹虛無論，而是在保留或在解釋經驗現象的可能性與實踐上的價值。從精神上說，空是從苦難的世間中解放與獲取自由」[1]。現象學的目的也在於透過"懸置"而達到掌握事物本質的"純粹意識"，現象學的"純粹意識"與中觀學的"空性"在本源上有著同質性。中觀的自身的要求是連"空性"也得"空"掉，而現象學最後的剩餘物是一先驗的"純粹意識"，若此"純粹意識"實在地存在，那麼此"純粹意識"是無法再被還原之物，那麼它就是實在地存在。若從中觀的"空性"來解析，這一無法再還原的"純粹意識"就如同"空"的本質一樣，也是"空"的。所以現象學的"純粹意識"是否與中觀學之連"空性"也得空掉的"中道"精神有著核心上的些微差異，是值得再進一步來探究的。不過這二者的核心論題都能以極致的自由時空的"審美感知"、"審美意象"與"審美判斷"來昇華武術技能藝術的"美學內涵"。

---

[1] 鄭學禮著、陳錦鴻譯，〈中觀的基本思想〉，《東吳哲學學報》1 卷（1996），第115-133頁。

第五節　本章小結

一、“身體－主體”由中觀哲學“空性”的“融合性”與“超越性”的體悟，昇華了中國武術“融合的拳禪藝之美”與“超越的活動義之美”的美學內涵。

　　“身體－主體”由中觀哲學“空性”的“融合性”與“超越性”來看，武術技能藝術強調之陰陽調和、內外合一、天人合一的概念將可以由“融合的拳禪藝之美”與“超越的活動義之美”的“美學內涵”來完成，中觀哲學的“空性”昇華了中國武術的“美學內涵”，將“拳”與“禪”與“藝”融合一致，體現了中國武術“身體心靈化”與“心靈身體化”的內涵，這是“道”的內涵。學者指出，「武術家認為人體這個主體與宇宙這個客體，兩者有著內在的聯系，習武練拳必須使主體和客體相一致，才能達到練功的目的。宇宙萬物之本是“道”，“道”即是“無”。武術攝取了道家這一哲學思想。道者，萬物之靈。道家視“道”為萬物之核心」[1]。這與中觀哲學所言之“空性”是與“道”一樣的具有了極致的“超越性”與“融合性”，此極致的“超越性”與“融合性”源於“本質範疇”之“渾沌性”與“純粹性”，因為“本質範疇”之“渾沌性”與“純粹性”所以能“超越”與“融合”。武術技能藝術的“審美判斷”的困難也就在於具體地把握這“超越性”與“融合性”，因此，若能透過對中觀學之“緣起性空”的徹悟與親身體驗，並借助現象學方法採取其“本質直觀”與“先驗主觀”的方法，對於武術技能藝術之“融合的拳禪藝之

---

[1] 徐宏魁、韓靜，〈簡論武術的哲學思想〉，《體育函授通訊》18卷（2002），第26-28頁。

美"與"超越的活動義之美"的"美學內涵"定能較有效的掌握,在
武術技能表現者自身的修練上亦更能通過這樣的"美學內涵"而真切
地掌握其"超越性"與"融合性"的本質。可以確定的是,中國武術
之"拳"與"禪"與"藝"融合一致,是可以藉由中觀哲學"空性"
來昇華它的。

二、 "身體-主體"由中觀哲學"空性"的體悟就形成了不受經驗意識羈絆的"審美判斷",這"審美判斷"如現象學之"回到事物本身"。

　　"身體-主體",代表主體透過身體知覺克服自我和世界、身體
和精神或種種存在認知之間的二元對立的思維,進而在"本質範疇"
的"渾沌性"與"純粹性"上獲得主客統一的直觀思維,也可說是
"身體心靈化"、"心靈身體化"二者的極致呈現。在"身體-主
體"的概念下形成的"審美判斷",提昇了"身體心靈化"、"心靈
身體化"的效應。透過中觀哲學"空性"的體悟更可以證實"審美判
斷"應如現象學之"回到事物本身"一樣,對中國武術的"審美判
斷"不應受到經驗意識的羈絆。若對"空性"無法正確地領悟,就會
像對"道"或"陰陽"無法正確領悟一樣地會使得主體的"審美判
斷"進入了"經驗誤區",而使得這樣地"審美判斷"制式地主導與
限制、壓抑了中國武術如"道"般地深廣的"美學內涵"。因此,為
了提昇"身體心靈化"與"心靈身體化"的"道"的呈現,我們可以
藉助中觀哲學"空性"的種種論述並深切地領悟,進而使"道"不只
是"道","道"的"本質範疇"是無限地、超越地、融合地時間與
空間的呈現。"渾沌性"與"純粹性"的"審美判斷"才能呈現真實

的中國武術的“美學內涵”，它就“身體心靈化”與“心靈身體化”的“道”的呈現，就是不受時間與空間的經驗意識的羈絆，方能將“拳”與“禪”與“藝”融合一致，並使之變動地存在於主客體之互動關係中，這就是“超越的活動義”，就是“回到事物本身”，就是“空性”，就是“道”。

第六章　中國武術之哲學美學體系

第一節　中國武術之哲學美學核心

——"先驗的融合性"

　　中國武術的美學研究較少，且大多著重於美學特徵的研究，對於中國武術的美學核心與要素則較少探索，這種探索的層次是屬於哲學層次的範疇。美學研究中對於範疇雖然爭論不多，但分歧還是非常明顯的，美的本質、美感等問題一直是美學家們爭論的焦點，尤其是美的本質在哲學層次的思考，幾乎貫穿中外美學史的歷次爭鳴之中，學者們在努力探討美的本質的同時，卻沒有形成系統的美學範疇體系。學者指出，「任何一門學科的形成都要有自己獨立的研究對象，隨著美學研究的深入與發展，人們已不再僅僅從主體或客體中去尋找美，而從動態的審美過程、從審美主體與客體的辯證關係中尋美」[1]。

　　"美"究竟是主觀的存在人的觀念、意識當中，亦或是客觀的存在於物質本體之中。這是一個長久以來的爭議，學者指出：「"美"是客觀的，是不依賴人的意識而存在的，是屬於物質存在的範疇」[2]；「關於美學的客觀論者，強調美不是主觀的，"美"的事物之所以"美"，是在於這事物本身，不在於我們的意識作用。另外一種持相對觀點者的論點："美"並不是事物本身的一種性質，它只存在於觀

---

[1] 莫先武，〈關於美學範疇幾個問題的甄別〉，《南京曉庄學院學報》18 卷 3 期（2002），第 63-69 頁。
[2] 蔡　儀，《美學論著初編》（上海：文藝出版社，1982）。

賞者的心裡，每一個人心見出一種不同的“美”，自然美、社會美、藝術美是人們在美的探求歷史進程中的一種誤解。人們根據物質世界與人的關係的緊密度把客觀世界分爲自然、社會與藝術，這樣，自然、社會與藝術構成的整個客觀世界即美的外延，自然美、社會美與藝術美就成爲“美”的外化形態」[1]。

　　上述不論是客觀的或主觀論點都有所偏頗，都是技葉末節的討論，而不具足哲學思維的根本性、根源性或本質性。“審美”思維的過程是主客兼具的，主觀的是“人”，相對客觀的是“對象”，二者都具有可變性、善變性，“審美”是存在於主客變動性的互動關係，“美”或“審美”的產生都離不開主客體。學者指出，「美學把某一藝術品視爲一種感性的對象，也就是一種感性所對的存有者。一個能引起美感之物，例如一朵花或一幅畫，皆只是一個能透過我的感性經驗引起我的愉悅之情的對象罷了。美與醜只是人賦予某一個特別對象的性質，其實並非事物普遍的性質」[2]。主觀的“人”在於心靈作用的無限大，客觀的“對象”則可能是實體現象，也可能是過往經驗的回饋幻想。美相對於醜、美相對於惡，連同其它一切價值，皆是相對而主觀的。如莊子視一切價值均爲相對的，以“人”爲中心的；亦如老子謂：“天下皆知美之爲美，斯不美矣；皆知善之爲善，斯不善矣[3]”。總之，無“對象”則“美”或“審美”不能發生；反而言之，無主體之“人”依其本有之“純粹意識”、“直觀性的渾沌”進行“審美感知”、“審美意象”與“審美判斷”，則“美”或“審美”亦不能存在。本文透過現象學的方法還原出隱蔽於作爲主體的“人”之

---

[1] 莫先武，〈關於美學範疇幾個問題的甄別〉，《南京曉庄學院學報》18 卷 3 期（2002），第 63-69 頁。
[2] 沈清松，〈莊子與海德格的美學〉，《利瑪竇學術資料庫》（2003）。
[3] 余培林，《老子》（台北：時報文化出版，1987）。

"自我經驗"與"自我存在"背後的"純粹自我"、"純粹意識"、
"先驗情感",並以一種"活動義的超越主體性"將主體－"人"與
客體對象－"武術"給與了"先驗的融合性",這亦是中國傳統哲學
"道"的境界呈現。中國武術技能表現者與觀賞者都能以此**"先驗的
融合"**為核心,共同發現隱藏於經驗、判斷等意識中的先驗情感,這
是真實的先驗情感與想像存在,真正的中國武術技能藝術的"道"的
"美學內涵"是**"純粹先驗情感的想象存在"**。

中國武術的哲學美學核心("先驗的融合")－"人"與"武
術",這並不是一般的主客體之謂,其核心乃存在於"人"與"武
術"這二者的變動的關係之中,若不能本質性地直觀這一變動關係是
先驗的融合性的現象,則會失去其真確的哲學美學核心,而將之認定
為主客二分的現象。關於哲學美學核心的探索,是一種真切的本質映
現,哲學美學的研究不能脫離真切的本質核心,這是原始的、根源的
真切,脫離了這種真切,哲學美學僅是薄淺的美感而已。如海德格認
為美學只滿足於美感的愉悅,因而遮蔽了真理的開顯。然而,對於海
德格而言,真理卻是更為原初的,至於美則僅只是某一種顯相而已,
唯有真才是存有本身之開顯,海德格說:「真乃如其所如的揭露,真
乃存有之真。美不能伴隨或脫離真而發生。真進入了作品,始得展
顯。而由於在作品中的真,並以作品的方式出現,其顯相方得成為
美。為此,美是隸屬於真來臨之事件,美不能只是相對於快感,純只
作為快感之對象而存在」[1]。「以人與對象的"審美關係"為核心,把
"審美關係"作為美學研究對象,會使得美學研究的內容無比豐富」
[2]。「不管是實用的藝術,或純美的藝術,都是人的頭腦與身體所造成

---

[1] 沈清松,〈莊子與海德格的美學〉,《利瑪竇學術資料庫》(2003)。
[2] 蔣孔陽、朱立元,《美學原理》(上海:華東師大出版社,1999)。

的技巧在創造中的活動,這個活動,是人追求美的不同層次不同方面的展現,也是人的智慧的不同層次不同方面的表現」[1]。不論是主體或客體、靜態或動態、美或審美,都離不開一種本質核心問題,此本質核心問題就是"人"與"對象"的存在,離開此本質核心關係,則無所謂"美"或"審美"、主體或客體的問題。中國武術的主體是"人"、客體對象是"武術",這二者成爲中國武術哲學美學的本質核心。但應注意的是,這絕不能也不是表淺的主客觀之謂,而是經由哲學分析卸解主客觀分渭之經驗意識,在本質核心上同時考慮了主體與客觀世界的種種聯係性,因此,此本質核心是一種"先驗的融合性"。這亦同於"陰陽變易"哲學或"道"哲學所謂的"合一"之意境。所謂"合一"即是"陰陽合一"才是它的根源本質,一但掌握陰陽合一的本質,陰已非陰,陽已非陽,更無所謂虛實、剛柔的存在,一種真實本質必然如此的存在顯現了,甚致於超越"陰陽合一"或"天人合一"的意向性存在,達到中國傳統哲學"道"的境界。

不論是主觀或客觀的立場,實質上都離開事物本質核心太遠,已是枝葉末節的問題,才會有所謂立場、角度、觀點上的差別與衝突。所謂的立場、角度、觀點都是人們頭腦中意識經驗與判斷思維下的確定物,若將這些由主體意識經驗與判斷思維附加在客體對象的確定概念卸除,使客體對象的本質核心不因許多外加的經驗判斷而得以顯現。另外,對於一件事物或現象的哲學思辨,當然無法顧及由事物自身的根源本質性與其相對應之其他事物關聯所產生的種種共性或現象作出囊括性的定義。但對於事物本質核心的一再探究,則可能擴大其定義對種種共性或現象的囊括程度,這也是許多哲學或科學之所以存在的原因之一。對事物本質核心的探究應由主客體之"先驗性"的

---

[1] 張肇祺,《美學與藝術哲學論集》(台北:文史哲出版社,1993)。

"融合性"著手,若不由此"先驗的融合性"與世界共聯係的關係現象去探索其本質核心,則無法根源地觸及主客體合一的本質核心,必然的會有所謂因立場、角度、觀念的不同或因由不同的現象著手,而有著不同的本質核心定義,因此,對於所探究的結果,則不斷引發爭論。對於中國武術哲學美學本質核心的探究,本文透過哲學分析方法解析出中國武術哲學美學核心之"人"與**武術**,此是"先驗的融合性"的本質核心。

第二節　中國武術之哲學美學要素
一 "先驗的存在性"

對於中國武術進行哲學美學的判斷時,人們頭腦中的美學想像透過中國武術技能表現出現於這個世界上,但其"審美"想像的內容是非真實的存在,是一種基於"人"的"存在之性[1]"而形成的"審美感知"、"審美意象"與"審美判斷"的現象。這些"審美感知"、"審美意象"與"審美判斷"的現象逐漸地形成某些信念,這些信念是虛幻卻實質影響著人們的"審美"行爲與習慣。人們日常生活中無不時常出現各種"審美感知"、"審美意象"與"審美判斷"的現象,而這些現象有些是經驗判斷下存在於客觀世界的,有些則在客觀世界上無法找到其存在的根源,例如"天人合一"之境界,"天人合一"的概念創造了超人間的"審美感知"、"審美意象"與""審美判斷"的形式。這些超人間的形式以"不客觀存在"來加以提昇中國武術哲學美學的內涵,此"不客觀存在"的美學想像是在人們經驗意

---

[1] "存在之性",它是作爲主體的一"人"的"身體知覺"與先驗的"純粹意識"的直觀,其二者之互動關係的本質範疇。

識與判斷思維下產生的，其這樣產生的存在意義是否進入了一種易於進入的"經驗誤區"之中，進而導致主體與客體在本質上一種錯誤的區分。正如"人"是客觀存在的，"審美感知"、"審美意象"與"審美判斷"的現象是屬於"人"的，那這"人"的"審美"想像到底是不是客觀的存在？"天人合一"或許是中國武術哲學美學的一種"哲學式的審美想像"，它是否也是客觀的存在呢？我們或許可將之視為"想像式的存在"，當然它的本質是"空"的，但這"想像式的存在"的作用卻是實在的。目前這個世界的許多客觀存在，都是前人的"虛幻想像"的實現，人們永遠無法確知現在的"虛幻想像"於未來世界是否會實現。因此，"審美"這一"想像式的存在"，這個議題有著許多在時間上、空間上多元面向的經驗判斷的失真，它就會形成不同的概念，這是一個深度純化的議題。對於"審美"過程中之"審美感知"、"審美意象"與"審美判斷"的不同體悟與直觀，將會影響對於中國武術哲學美學的區分或判斷。若經驗意識告訴我們需執意訂定一個"審美"的標準或鑑賞原則，那所"審"之"美"是非本質的、非直觀的，是經驗意識的"美"，它將失去"美"的"直觀性的渾沌"的時空，而被僵化制式的禁錮著。康德認為，「尋找一個能以一定概念提出"美"的普遍標準的鑑賞原則，是毫無的辛勞，因為所尋找的東西是不可能的，而且自相矛頓著」[1]。這就意謂著在主體"審美"的過程中的"審美感知"、"審美意象"與"審美判斷"是必須建立在"純粹意識"的"直觀性的渾沌"中，才可能被無意識且直觀的發展與創造的。

---

[1] 宗白華譯，《判斷力批判-上卷》（商務印書館，1964），第 70 頁。

「胡塞爾說的現象，並不是指一般的物理現象，而是特別指 "純粹意識[1]" 現象。所謂 "純粹意識" 現象，並不指涉其意識現象所代表的東西在客觀實在的世界中有否相應的存在，而只是把意識現象當作意識現象來處理和考察。胡塞爾認為，在純粹的意識現象中有本質存在，我們亦可以通過直覺把握和認識本質。他並認為，通過現象學還原，我們可以直達純粹意識的範域。很自然地，現象學還原的方法可以使我們滲透到本質的世界」[2]。從現象學本質直觀的方法，我們將所謂的 "審美感知"、"審美意象" 與 "審美判斷" 等想像下之 "陰陽合一" 視為一種經驗判斷下的現象，這些現象是真實存在否？我們將之 "懸置" 不論。因此，穿透種種經驗意識的現象，直觀人們對於客觀世界的種種 "直覺" 感知。這樣的 "直覺" 體現著根源性與原初性，它是依於做為主體的 "人" 而存在，"審美感知"、"審美意象" 與 "審美判斷" 都根源於人們的 "直覺" 感知。這是現象學針對客體對象的本質直觀的還原，而 "直覺" 感知是屬於主體自身的某種本能，就是 "人" 的 "存在之性" 的作用，對於主體的種種經驗意識甚至本能發生的現象，應採取現象學 "先驗主觀" 的 "懸置還原"。對於主體的 "直覺" 感知進行 "懸置"，進而逼顯出隱藏於主體 "直覺" 感知背後的核心本質。人們的 "直覺" 發生是有其根源的，所謂 "審美" 想像的發生也是根源於這種人性的基石，隱藏於 "直覺" 背後的根源直接地指揮著人們的 "直覺" 感知，缺乏了它，人們也就不

---

[1] 同 "純粹自我" 的意識。指經過現象學的還原後剩餘下來的那個不可歸約的主體。這是一片絕對、純粹意識的領域。它包含著意向活動和意向對象構成的意向結構。"純粹自我" 是對具有這種意向結構的 "純粹意識" 的統稱。《哲學小辭典》（上海辭書出版社，2002），第 226 頁。

[2] 吳汝鈞，《胡塞爾現象學解析》（台北：臺灣商務印書館，2003）。

需要、也不會產生"直覺"了，更不會有所謂"道"或"陰陽合一"在頭腦中想像的存在。

這個隱藏於"直覺"背後的核心本質就是主體－"人"的"先驗的存在性"，它是"人"或作為主體的一種無法再割除的根源性，本文稱它為**"存在之性"**。它體現於主體的各種需要"滿足"的現象，例如視覺感官由各種視覺對象給予"滿足"，觸覺感官由各種觸覺對象給予"滿足"，各種生理感官皆如是，它屬於"存在之性"的生理範域；而人們更大的創造性"滿足"則在於"存在之性"的心靈範域，它與生理範域緊密地聯結，心靈範域是較核心、較根源的，"審美感知"、"審美意象"與"審美判斷"就是在此心靈範域被需求、被創造的。此"存在之性"是主體"先驗意識"作用於種種外界事物的表現。對於主體的"存在之性"我們無法再將之"懸置"或"還原"，因為若再將之"懸置"或"還原"，則會落入否定主體一切的境地，既然主體一切被否定了，也就無所謂客體對象的存在了，陷入了無一切存在的存在，它是一種極度偏執的意識想像，就如"中觀哲學"中所謂的"空"的偏執。

客體世界的各種"審美感知"、"審美意象"與"審美判斷"等"審美"想像，都是如實地存在於主體的"先驗意識"或"純粹意識"之中的，也就是存在於"人"的"存在之性"的範域。"存在之性"，它是作為主體的－"人"的"身體知覺"與先驗的"純粹意識"的直觀之二者之互動關係的本質性。人本能的、本性的需要"滿足"。因需要"滿足"而產生了直覺、幻想、想像、美感、美學、哲學等諸多客觀現象，人們為了"滿足"則有各種可能性的現象產生，客觀世界實在地因為主體的需要"滿足"而被合理化地存在於主體的意識之中，「滿足」是人性所有欲求、直覺、判斷、行為等經驗性格的最根源性的本質，它不僅表示人的生理欲求，更大幅度或更大時空地表示人的心理、心靈需求，這種本質就是人的"存在之性"。中國武術哲學美學的種種現象亦離不開這一人性最根源的基石－"存在之性"，人們在面對對象時產生的種種"審美感知"、"審美意象"與"審美判斷"時，由此"存在之性"產生了心靈範域的種種"滿足"需求。於是乎，此"審美感知"、"審美意象"與"審美判斷"在人們的頭腦中產生了，並與客體世界的種種進行複雜的聯係，這一聯系是變動的互動關係。這一關係就武術技能藝術而言，我們可歸結出哲學美學的要素，這些要素是構成主體面對武術時的"審美"過程中的必然性的因子，缺乏了這些要素則主體與武術的"審美"將落入"經驗誤區"。從現象學的思維下手，這些中國武術之哲學美學的要素可"還原"出："**直覺觀念、想像體驗、超感反應、妙悟回饋**"。這"**直覺觀念、想像體驗、超感反應、妙悟回饋**"的先驗情感，是真實地存在於現實世界的主體，並現實地影響著主體的種種心理表現、意識表現與技能表現。就如藝術作品一般地客觀存在，而其"審美感知"、"審美意象"與"審美判斷"卻是人們頭腦中的一種"審美"想像。"觀念"與"體驗"源自於主體自身的本質性的"身體知覺"，梅洛龐蒂認為，「"人"的存在是一切存在的基礎，知覺是"人"的存在的先驗結構，知覺把自我和世界聯結起來，是真正的存在領域。知覺的主體具有身體和精神兩方面，以此為基礎可克服自我和世界、身體和精神之間的二元對立，實現二者的統一」[1]。"人"的"審美感知"、"審美意象"就在此基石上，由"**直覺觀念、想像體驗、超感反應、妙悟回饋**"構成了；而這整個"審美"過程中極容易由本質性、直觀性、先驗性的"純綷意識"中脫離，

---

[1] 《哲學小辭典》（上海辭書出版社，2002），第230頁。

而被經驗意識所誤導，無法保持其本質性、直觀性、先驗性的"身體知覺"，而美學的內涵也會因此而物化或對象化的被改變。

"滿足"是人性本質作用於事物的一種"存在之性"，"陰陽變易"哲學則是一種依存於此"存在之性"的一種作用現象、一種根源於"純粹意識"範域的現象，是主體對客觀自然世界並與之產生互動關係的作用現象。因此，"陰陽變易"哲學具備了"純粹意識"的無限範域，它能與客觀世界的種種客體聯係，產生種種"非純粹意識"的經驗意識。中國武術哲學美學這一""直觀性渾沌"的要素－"**直覺觀念、想像體驗、超感反應、妙悟回饋**"的探究不應脫離這一人性基石的範疇，而僅從後續引發的種種美學現象來加以定義與解釋。

"武術"作爲相應於主體－"人"的客體，是基於"存在之性"的範域，爲人性本質服務的，是主體"純粹意識"作用並賦予客體存在意義的，也是客體適應於主體之"存在之性"的範域而存在的。任何哲學美學本質的內涵也都應依於此"存在之性"的範域。

人具備無限思維的心靈能力，對外在的種種現象能進行擷取、判斷、解構、建構等思維過程。人的心靈思維源於人生過程中的種種體驗與經歷，形成觀念的不斷解構與建構，人的觀念決定思維的方向、基點。觀念與體驗是一體二面的不同層次，幾乎同時作用，因"觀念"而引發"體驗"，因"體驗"而昇華"觀念"。本研究根據"人"的主體性與對象的客體性，透過現象學推論之"存在之性"再推衍出中國武術哲學美學要素：**直覺觀念、想像體驗、超感反應、妙悟回饋**"，這是中國武術哲學美學"**先驗的存在性**"，它具備了"直觀性的渾沌"。**直覺觀念、想像體驗、超感反應、妙悟回饋**"乃基於主體最根源的"存在之性"而被構成的要素，主體的"審美感知"、"審美意象"與"審美判斷"都建築在此要素之上，重要的是此要素與核心的連動關係，也就是說 "直覺觀念、想像體驗、超感反應、妙悟回饋" 這一種 "先驗的存在性"，它必須連動於中國武術的哲學美學核心－"人" 與 "武術" 的互動（變動）關係，由此核心 "自在自為" 地連動至主體的 "直覺觀念、想像體驗、超感反應、妙悟回饋" 而形成一種 "先驗的存在性" 的必然。因此主體的 "直覺觀念、想像體驗、超感反應、妙悟回饋" 是先驗而不受經驗意識的混淆與改變，是 "直觀性的渾沌" 的 "審美" 活動。如此，中國武術哲學美學要素－"直覺觀念、想像體驗、超感反應、妙悟回饋" 才能形成一真實的武術技能藝術的 "審美" 與 "美學內涵"。分述如下：

一、"直覺觀念" 與 "想像體驗"

"直覺觀念" 與 "想像體驗" 是一種內在的 "純粹意識" 的必然，是一體二面的結構。人們因本性直觀與存有之觀念對所有有形或無形的事物產生 "審美" 的過程，這是一種解構與建構的過程，在此過程的同時，隨之在心理或生理上引發 "審美感知"、"審美意象" 與 "審美判斷" 等體驗，這些 "體驗" 造就心靈層次的滿足感。但是，這種滿足感會因不同的經驗意識下的 "觀念"，造成不同的經驗意識 "體驗"，進而有不同層次的差異。"觀念" 引發 "體驗"，"體驗" 則強化 "觀念" 或昇華 "觀念"，哲學美學就在此互為因果的過程中不斷地被系統化或經驗化。"觀念" 是人的一種 "概念或思想的反映"，它具備某種程度的文化、哲學的思維，然後反射在對中國武術的 "審美" 過程。例如中國古典之陰陽哲學的思維、虛實的思維、剛柔的思維等，都是影響著主體對武術技能藝術的 "審美" 的 "觀念"，這 "觀念" 大部分是經驗意識的判斷累積，少部分是 "純粹意識" 的 "直覺"。人們對武術的 "觀念" 產生了在生理層次與心理層次的刺激與“體驗”，因此，在“審美感知”、“審美意象”與“審美判斷”的判斷過程產生了初始的“體驗”層次，諸如身與意、力與勁、虛與實、氣與韻、動與靜、剛與柔、急與緩、開與合等“觀念”，促使在“體驗”過程中，產生了虛實美、和諧美、剛柔美、氣勢美、節奏美、靈活美、形神美、氣韻美、陰陽合和、意形合一等“審美”的“體驗”。而這一“體驗”也大部分是經驗意識的判斷累積，少部分是“純粹意識”的“想像”。因此，在這裡需要思辨的是**“直覺觀念”**與**“想像體驗”**，主體必先透過哲學思辨的過程將自我從常識、知識、經驗中引退，引退至極限，至退無可退之處，再以“純粹意識”對客體的“審美”自然自在的發生**“直覺觀念”**與**“想像體驗”**，如此，才能無意識的、自然自在的領悟這裡所談的“觀念”必是“純粹意識”中的“直覺”，“體驗”也必是“純粹意識”中的“想像”。在這個“純粹意識”的**“直覺觀念”**與**“想像體驗”**下“審美”而來的虛實美、和諧美、剛柔美、氣勢美、節奏美、靈活美、形神美、氣韻美、陰陽合和、意形合一等等，都破除了絕然二分對立的立場，而進入了“直觀性渾沌”的“超越與融合”。主客也從絕然二分的對立場域引退，進入了“道”的“超越與融合”的境地。

二、 “超感反應” 與 “妙悟回饋”

如“道”、如“中觀”、如“陰陽合一”、如“天人合一”之武術的藝術生命，由“身練”到“心觀”，從“心觀”到“身心同參”；由主客體“互動關係”到“感知”，由“感知”到“意象”，由“意象”到“審美判斷”，其核心關鍵均在於“妙悟”。“悟”則“妙”，不“妙”則難以“悟”之，“審美”活動中的最高享受或境地就在於“妙悟”。在“審美”思維的循環過程中，**“直覺觀念、想**

像體驗、超感反應、妙悟回饋"是一連串的交互作用的現象。"人"心理上有了"審美"的"體驗",在"反應"上會產生思考、判斷、評論、讚賞、批評、修正、創造等等的解構與建構的行為,有行為為因,則有後續結果之作為"回饋"。行為與結果亦互為因果,同時對於原初之"觀念"提供了某種程度的"回饋",可促使"觀念"的減弱、增強、昇華與轉化。例如一位中國武術修煉者,對於自身在一段武術技能的練習後,產生了生理的與心理的多元"體驗",進一步地進行思考、判斷、修正、創造等,在此一連串的行為後,會產生因果效應後的結果,此結果將會"回饋"至原初之"觀念",造成"觀念"的昇華與轉化。依此,再進行對中國武術修煉的調整,使之更具和諧美、對比美、虛實美、氣韻美、動靜美、剛柔美、平衡美、武德美、節奏美、靈活美、神韻美、陰陽合和、意形合一等。相同的,對於中國武術的技能表現者或觀賞者而言,其"審美"過程亦是如此,在此過程的不斷循環之中,"人"的"審美感知"、"審美意象"與"審美判斷"相應於"武術"而生。不過對於中國武術的"審美"層次,則取決於哲學美學核心—"人"(修煉者、表現者、觀賞者)的原初"觀念",原初"觀念"層次不同、則後續的"體驗"、"反應"與"回饋"層次亦不同。當然,主體的"審美感知"、"審美意象"與"審美判斷"等過程也不同。在主體的"純粹意識"的範域中,"反應"是"超感"的,**超感反應**"意謂著主體的"先驗的理性",它超越了一般理性與感性,進入了"純粹意識"中的"先驗範域",在此"先驗範域"中主體的"審美"發生了**超感反應**,它當然不同於一般的刺激與反應的連結,它是發生在不受經驗意識或制約反應下的"純粹意識"的"先驗範域"之中的。這一**超感反應**是主體情感的先驗理性化,也就是說是一種純粹的"審美"反應,這一"**超感反應**"引動了"先驗範域"中的廣大無限的"直觀性渾沌"的情感擴散，因此，發生了"審美"的"**妙悟回饋**"。這一"先驗範域"中的"審美"的"**妙悟回饋**"使得主體感受到無可言及的"自在自得"，這一"**妙悟回饋**"在主體的"純粹意識"的"先驗範域"中擴散了主體的"先驗情感"，也深化了主體的"純粹意識"的"先驗範域"。

　　中國武術的哲學美學"**直覺觀念**"與"**想像體驗**"會觸動人們在"純粹意識"的"先驗範域"的"**超感反應**"，此種"**超感反應**"表現在思索、判斷、推理、情感等心理行為及眼神、呼吸、動作、言語等生理行為，內在情感與外在行為在無意識下被融合了。這等行為產生後，必定會引發"審美"的"**妙悟回饋**"，它在"純粹意識"的"先驗範域"體現了武術技能藝術的"直觀性渾沌"的"和諧美、對比美、虛實美、氣韻美、動靜美、剛柔美、平衡美、武德美、陰陽合和、意形合一"等。中國武術哲學美學之要素反映了主體"純粹意識"的"先驗範域"中的現象，此基本要素體現了"道"的理論、現象、邏輯、規律的"超越性"與"融合性"。這是一種哲學美學思維的藝術，在現今時代更符合於人們對於中國武術技能藝術的轉化、深化與昇華，不僅以之為強身健體，更將之視為一種新時代的人體藝術作品，一種動態且富涵中國文化基石的人體藝術形態。透過哲學思維的解構與建構，可以更清楚透視主體"純粹意識"的"先驗範域"中之中國武術哲學美學核心與要素。

第三節　中國武術之哲學美學特徵

—"本質的直觀性"

　　就中國武術哲學美學的特徵而言，"本質直觀"才能由前文探究之本質核心與要素出發，將中國武術技能表現的本質特徵彰顯出來，中國武術技能表現的存在源於主體對其所能感觸感受的一切，透過"存在之性"的範域，主體意識作用於對象，主體意識對象化，對象意義主體化，二者互為本體、互為體用。在此"存在之性"的範域，主客體獲得"滿足"進而融合一體，故主客體是合一而非二分的現象，當主體意識作用於中國武術技能表現時，就如世界如何存在於主體意識之中是一樣的。中國武術技能表現是一種身體動作姿勢在"人"與自然、"人"與社會之對立矛盾的歷史發展的必然存在，此種必然存在是人性本質情感於中國武術技能表現的一種形式，而其表現內容在意識想像的層次將本質情感轉化為一種虛幻的存在，而使其認識進入了"陰陽對立"之二元分立的誤區，給予"偽裝性"、"經驗性"的意義，如陰陽二分、虛實二分等，而無法顯現真實本質的內存涵義。我們必須將此經驗性的認識加以"懸置"或"還原"，首先對於外在表現形式的經驗意識與判斷思維需加以"懸置"，次則對於內在的虛幻存在的意識想像將之"懸置"。如此，成就一種"真空"的、本質的現象學意識，它有其獨特的意識方向性、情感直覺性，亦因此而重新認識其表達的形式、內容與意義。

　　現象學的本質與意義是重新構成了中國武術"天人合一"、"陰陽合一"之哲學境界的重要元素，它的本質現象也因此必然的存在並顯現了，主體掌握了對象的本質，它的表現符合於生命的必然性，它如此必然的"存在"與必然顯現本質現象的"此在"，不致令其陷於異化而獨立於世界的"僞裝"狀態。因此，它的表現獲得了與中國哲學之"天人合一"或"陰陽合一"相同的概念或本質。中國武術哲學美學在理論、價值、觀念層次上以"道"、"天人合一"、"陰陽合一"及"太極至極"爲其"審美感知"、"審美意象"與"審美判斷"。中國武術哲學美學是講究與大環境融合的一種技能表現，它要求符合於必然的、自然的存在規律。但由於符號化、經驗化與理智化的發展，易使其受限於符號化、經驗化或理智化的身體語言，諸如陰陽、虛實、剛柔、開合等符號化、理智化的語言或概念，過分重視或強調陰陽、虛實等符號化的語言，導致更嚴重偏態的二元分化而漸漸失卻了真實的本質存在。這是由於對陰陽、虛實等客體之經驗意識作用而造成錯誤的判斷。"陰陽變易"之理在於"融合性"，無"融合性"則無法產生變動，也就無法生生不息，此才是它的根源本質，一但掌握"陰陽變易"的本質，陰已非陰，陽已非陽，更無所謂虛實、剛柔的存在，一種真實本質必然如此的存在顯現了，甚致於超越"天人合一"或"陰陽合一"的意向性存在，達到中國哲學"道"的境界。

「"美與醜"是一種哲學美學思維的結果，"時間與空間"是哲學美學思維的關鍵。"美與醜"並無一定標準，依人的主觀意識與客觀對象之間碰撞出的結果而定，主觀與客觀的碰撞造就心靈現象的萬萬種種。就如莊子認爲世俗的美醜並沒有一定的標準，世俗的美醜也沒有一定的區判。然而處於天地之間的人何以會出現這種相對性的價值判斷呢？莊子認爲這都是起源於人的"成心"所限定」[1]。"美與醜"是主體"審美感知"、"審美意象"與"審美判斷"的作用，中

---

[1] 林淑文，《莊子美學原理初探》（東吳大學哲學系碩士論文，2002）。

國武術哲學美學的特徵也是主體"審美"的作用結果,其"審美"是包含了時間與空間的整體感知、意象與判斷。作爲人體技能藝術的中國武術,其虛實、陰陽、內意外形、節奏、剛柔等無不滲透於時間的延續性與存在於空間的包容性之中。「時間與空間的存在,可說是人類高度表達中,所不可或缺之方法性的中心題旨或關鍵」[1]。拳、掌、腿、身法等中國武術技能,是一種綜合時空的純粹本質表現,其表現不以剛強而剛強,爲虛實而虛實,乃依據時空環境當下的純粹本質而純粹表現,它具備了純粹性、本質性、融合性、實踐性與創造性。透過此表現,主體情感意識得到充分體現,武術技能本身也獲得無限時空的變化性與創造性。"本質直觀"的介入,使得對象的本質明證的被給予了,避免將中國武術推入一個二元分化或僞裝表現的境地。時間與空間的交織重疊,形成許多不同層次的現象,哲學美學的思維,即是對此不同層次現象的解構與還原,這是一種強調整體的、把握關鍵的思維模式。"**虛實、意形、節奏、剛柔**"的和諧呈現出中國武術的"美",不和諧或不協調,則產生"不美"的概念,這些都是主體"審美感知"、"審美意象"與"審美判斷"的功能而得以歸結出的。康德認爲,「無論是自然美還是藝術美,均可看成是"審美意象"的表現」[2]。因此,"**虛實、意形、節奏、剛柔**"等重要範疇成爲中國武術哲學美學的特徵,可視爲是在主體"純粹意識"的範域上,通過"審美感知"、"審美意象"與"審美判斷"的功能而被表現出來的。因此,這一哲學美學特徵-"**虛實、意形、節奏、剛柔**",這絕對不是二元思維的的特徵,而是"虛實"的融合與超越、"意形"的融合與超越、"節奏"的融合與超越、"剛柔"的融合與超越的

---

[1]史作檉,《塞尙藝術之哲學探測》(台北:書鄉出版社,1996)。
[2]宗白華譯,《判斷力批判-上卷》(商務印書館,1964),第 167 頁。

"本質直觀"現象，武術表現若不能有此"本質直觀"的融合性與超越性，則無法進入"道"的至高境界。下列依四種美學特徵，分別討論。

一、"虛"與"實"的融合與超越

"存在"是哲學的基本範疇之一，亦爲哲學領域深奧的論題之一，"陰陽變易"實質內涵亦即涉入了"存在"的論題。人性的根源本質，即是一種客觀的"存在"，可云人性之"存在"是以一種"存在之性"必然的"存在"著，這又與"陰陽變易"探究宇宙事物的根源存在一樣。各種事物的存在必有其合理性，此合理性乃相對於彼物而言。例如"陰"乃相對於"陽"而"存在"。"陰陽變易"對於中國武術而言，其"存在"的合理性，即在於中國武術的本質是建構於"主體（自己）與主體（他人）"的對立；"主體（自己）與主體（自己）"的對立；"主體（自己）與客體（自然）的對立；"主體（自己）與客體（社會）"的對立的本質上。陰陽是對立的，中國武術也是對立的敵我之分。陰陽同時也是對立的統一，中國武術之各種現象都離不開這個對立與統一的"陰陽變易"法則。"陰陽變易"相對於武術技能表現而言，"存在"客觀性與永恒性，武術技能表現以"陰陽變易"爲其客觀的依據，同時，亦是中國武術永恒的實質內涵之一。"陰陽變易"對於中國武術技能表現存在之合理性，在於建構"人"對"武術"正確的起點，也就是讓作爲主體的"人"透過"陰陽變易"概念符合陰陽虛實互轉之律來表現武術技能，虛實是"陰陽變易"的形式與內容之一。就哲學美學特徵而言，這是一種"虛實之美"的展現，對於虛實是掌握是技能表現的前提條件。例如長拳基本之騰空飛腳技能，首先透過"陰陽變易"關係了解其虛實存在的外在與內在涵義,攻擊腳爲實,擺動腳爲虛,此爲外在涵義;內在涵義爲。上述例子中的技能表現若對於"陰陽變易"之虛實表現、轉化、運用無法正確地、自然地掌握,則中國武術技能表現將只是一種視覺畫面,而無法藉由"虛實之美"展現內化意境的情感,失去了哲學美學的價值。因此,中國武術透過對"陰陽變易"的存在價值的探究,提昇對於中國武術技能表現之虛實轉化的掌握是重要的,使其更確實地在技能表現時徹底發揮其"虛實之美"。

「武術的技藝美,是充份發揮人體運動能力,表現出的武術姿勢規格美和運動規律美。在武術套路運動中,還通過傳神、比興、誇張等藝術手法來加強武術姿勢規格美和運動規律美的表現力和感染力,使武術技藝美具有更高的審美價值」[1]。「虛與實是一種結構性的關係,虛實運用之妙,存乎一心」[2]。中國武術技能表現應相題、相情、相理而作,虛中含實,實中含虛,是中國武術技擊與動作技能的重要特點。不論在手法、眼法、身法、步法,每一動作均是虛實並含、虛實互轉的,在動作結構上來看,虛與實是矛盾對立的,在實質內容上來看,虛與實則是相互融合,可相互轉化的。如八卦掌中之走圓,即是明顯的虛實融合、互轉、互含的例子。因虛與實的獨特關係,形成了中國武術的獨特美學特徵,這是一種獨特的藝術形式,亦是一種涵藏中國古典陰陽哲學的藝術。學者指出,「藝術創作或據意以尋象,或緣象以煉意,從實處入或從虛處入是無定則的」[3]。中國武術之虛實呈現關鍵,在於運用形象思維能力,確實掌握虛實的運用與變化。

---

[1]康戈武,《中國武術實用大全》(五洲出版社,2000)。

[2]劉正國,〈虛實關係的美學思辨〉,《唐都學刊》17 卷 1 期(2001),第 89-91 頁。

[3]劉正國,〈虛實關係的美學思辨〉,《唐都學刊》17 卷 1 期(2001),第 89-91 頁。

二、"意"與"形"的融合與超越

中國武術技能表現之身與心、知與行的融合也就是陰陽觀念的化合，即所謂"陰陽變易"之"陰陽合一"。中國武術技能表現的實踐可以是多樣化的，其主要目的在於提升技能表現者自我改造的能力與自我內化的品質，次要目的在於促進"人"對"武術"內容認識的提升，最終將中國武術技能表現哲學化、藝術化，這是外在技能表現與內在意境合一的"道"的境地。中國武術技能表現之"身與心"、"知與行"的融合也就是陰陽觀念的化合，即所謂"陰陽變易"之"陰陽合一"。中國武術技能表現的實踐可以是多樣化的，其主要目的在於提升技能表現者自我改造的能力與自我內化的品質，次要目的在於促進"人"對"武術"內容認識的提升，最終將中國武術技能表現哲學化、藝術化，這是外在技能表現與內在意境合一的"道"的境地。中國武術關於武德與技能在哲學美學的實踐上，應重視由廣而深、由外而內的過程，中國武術所謂"用意不用力；意到力到"、"拳到無心方為真"等原則，可促進中國武術技能表現之"身心合一"、"德術兼備"的實踐。因此，"陰陽變易"的融合關係，在實踐價值中即可創造出中國武術技能表現"意形之美"，在技能表現的過程中"意形之美"升華為哲學化、美學化、藝術化的層次。

「武術套路的傳統美學深受中國傳統哲學思想的影響，套路演練的美學藝術表現關鍵在於把握好動態中的"和諧"，演練客體"形"與"神"的"和諧"，演練客體與觀賞主體的"和諧"」[1]。「從美學上看，藝術的創造過程是從藝術家對現實世界的觀察感悟，到內心醖

---

[1]梅杭強、陳　蓓，〈武術套路的傳統美學闡釋〉，《天津體育學報》16卷4期（2001），第65-67頁。

釀和構思，再到訴諸藝術的表達，是一個由外至內，再由內至外的過程」[1]。中國武術是強調"內外和一"、"陰陽調和"的人體技能藝術，其內意與外形是息息相關的，強調以意導氣，以氣發勁，意到力到，形隨意轉。本文所指之"意"即是"心"、"心靈"、"心識"之內涵，中國武術重視"意"的作用，心思凝聚，專注不二，手足運用，莫不由"意"。"意"動則"形"隨，"形"表示武術的人體外形動作，"意形合一"是構成中國武術哲學美學的特徵之一，是獨特的人體技能藝術。學者指出，「心（意）動形隨，指練習者對一定動作做法、意義的領悟，形成一定的意識，意識控制氣息和肢體按照領悟的規格進行運轉，產生一定的外形動作。簡單的說，心（意）動形隨，就是以意識支配動作」[2]。內"意"外"形"的合一、陰陽的和諧，才能真正呈現中國武術之"意形"的哲學美學特徵。

三、"節"與"奏"的融合與超越

"道"之"一元氣化"衍生出"陰陽"、"五行"之概念，再衍生出"節奏"的規律。"節"可謂之"止"，是運動主體"靜"的表現；"奏"可謂之"作"，是運動主體"動"的表現。"動靜"或"虛實"相生是"道"體現出主客體互動關係的"節奏"，它體現了變化萬仟的生命的純然規律性。節奏"的融合就形成了"韻律"的表現，"韻"可視之為"和諧之節奏"，為運動主體"柔"之體現；"律"可視之為"節奏格式與規則"，為運動主體"剛"之體現。從武術技能表現而言，"節奏"蘊涵了技法的"反復性"；"韻律"則蘊涵著技法的"衍變性"。節奏"與"韻律"構成了主客體互動關係的一個生命整體，這

---

[1] 周　憲，《美學是什麼》（台北：揚智文化事業，2002）。
[2] 康戈武，《中國武術實用大全》（五洲出版社，2000）。

生命整體通常被看成一種 "氣" 的存在與呈現。"道" 爲此 "氣" 的內在本質，也就是 "純粹意識" 的涵藏性、包容性、衍化性、渾沌性、直觀性等。節奏" 與 "韻律" 的關係，在武術技能藝術的本質中爲 "內化之氣" 與 "外顯之形" 的融合與互用關係。二者之合一，最終體現於武術技能藝術生命之 "中和" 的體悟，它發生於主體超感的認知，超感認知之情感 "靜而欲動" 謂之 "中"；超感認知之情感 "動而適當" 謂之 "和"，中國武術的 "動靜" 表現出 "內化之氣" 與 "外顯之形" 的融合與互用關係的純然協調，它是自然、自主、自在、自得的 "道" 的 "純粹意識"。

　　中國武術技能表現的自然化、自由化、自主化。意謂其技能表現應注重把握自然的節奏韻律，過份刻意的節奏展現是無法真實體現中國武術技能表現的自然節奏美，亦違背了 "道法自然" 的法則。中國武術技能表現應創造如《老子》道生一，一生二，二生三，三生萬物（四十二章）[1] 的自然性、自在性、自主性的技能與意境的綜合表現，使中國武術技能表現能回歸本源之根。"陰陽變易" 的規律表徵中國武術技能表現的一種必然性，其必然性展現於 "人" 與 "武術" 在技能表現上本質的或互動的關係中。"本質的" 表示武術技能表現自身具備的必然性，亦可稱爲內在規律；"互動的" 表示武術技能表現與彼物互動的必然性，亦可稱爲外在規律，例如武術與哲學、美學、藝術、教育、經濟、文化的互動。"陰陽變易" 表徵出中國武術技能表現的本質規律，這是一種實質的、客觀的必然結果。這種規律性，在由或武術技能表現上則成爲一種 "節奏之美"。因此，可以成爲中國武術技能表現之客觀依據，以避免因違背此客觀規律，導致武術技能表現的畸形發展。例如動靜、虛實即是中國武術的重要節奏規律之

---

[1] 余培林，《老子》（台北：時報文化出版，1987）。

一，是整個中國武術技能表現的演練過程中展現攻守、起落、動靜、
緩急、開合、進退等重要的節奏規律。"動靜"是"陰陽變易"哲學
與中國武術技能表現之主要形式之一，中國武術技能表現因"動靜"
而氣勢分明，節奏之美因此而立。朱熹解釋「"太極動而生陽，靜而
生陰"說：太極，理也；動靜，氣也。氣行則理亦行，二者常相依而
未嘗相離也。太極中本有動靜之理，乃陽動陰靜的本原。而此動靜之
理又寓於陰陽二氣之中，二氣之動靜乃動靜之理所憑藉的依托」[1]。因
此，中國武術在技能表現過程中，需注重其基本節奏規律的掌握。
「武術功法應消除妄動，從靜中體驗；應外誘潛，從動中獲得」[2]。中
國武術技能表現對"陰陽變易"規律的掌握是充分表現武術之特色與
美感重要關鍵。

　　「武術動作的輕重強弱、續頓緩急、開合起伏等在時空中綜合表
現出的韻律，稱為武術運動節奏」[3]。其中"動靜"是武術節奏展現的
重要因素，舉凡動靜分明、身靜意動、身動意靜是中國武術的要求與
特徵，在整體武術套路或武術對練的過程中，掌握"動靜"的規律是
關鍵重要的。武術之"動靜"展現出對立規律，因對立而突顯出對方
之存在與價值，"動與靜"在對立中展現"和諧"之"美學內涵"與
哲學美學的特徵。學者指出，「輕重強弱是武術運動在力量方面的表
現；續頓緩急是武術動作節奏在時間上的表現；開合起伏是武術運動
在空間方面的表現。節奏是武術動作自身運動規律的表現，一定節奏
是完成好動作、發揮動作的技擊效用，增強動作藝術性的保證」[4]。武

[1] 鄭萬耕，〈試論宋明易學的太極動靜觀〉，《周易研究》5 期（2002），第 16-21
頁。
[2] 康戈武，《中國武術實用大全》（五洲出版社，2000），第 99-100 頁。
[3] 康戈武，《中國武術實用大全》（五洲出版社，2000），第 157 頁。
[4] 康戈武，《中國武術實用大全》（五洲出版社，2000），第 157 頁。

術技能表現的＂節奏之美＂是時間與空間的直耕橫織，它系列地形成許多不同的美學呈現，是一種動態的哲學美學特徵。

四、＂剛＂與＂柔＂的融合與超越

＂陰陽變易＂的內在矛盾呈現在中國武術技能表現之中，以拳法而言，即是由陰拳轉化爲陽拳的過程，正是由於這樣的轉化，才發展出所謂的＂勁道＂，這是由柔轉剛的變動過程。若不體驗如此的剛柔轉化，則在拳法的技能表現上僅能停留於表層階段的模倣功夫，對於剛柔的表現也就無法純粹地掌握了。而「陰陽變易」的外在矛盾，則呈現在＂人＂與＂武術＂的矛盾、觀賞者與演練者之間的矛盾，主體是柔中帶剛，客體則爲剛中帶柔，在＂人＂與＂武術＂對立矛盾之中，＂剛柔＂亦是二者互爲變動的因子。此種矛盾是必然的，因爲＂人＂與＂武術＂的相對關係將由陌生（陰）引導出探索的、表現的意念（陽）；因爲＂人＂在觀念、策略與態度上的正確（陽），促使＂武術＂技能表現由陌生（陰）轉化至熟悉的正確性（陽）。反之則結果不同。經由作爲主體的＂人＂對＂陰陽變易＂的內在矛盾的體驗，及對客體對象＂武術＂技能表現之外在矛盾的掌控，便能由＂陰陽變易＂對立關係發覺屬於中國武術技能表現的＂剛柔之美＂，＂剛柔＂是武術藝術性的重要因素，＂剛柔＂的良好掌控與表現是武術藝術＂質感＂優劣的最關鍵因素。

剛柔互易、剛柔相濟、柔化剛發、剛阻柔乘、以柔克剛等都是中國武術強調重視的技術重點。《周易》云「乾剛坤柔。剛柔相摩，八卦相盪，剛柔相推，而生變化。武技同樣以剛柔立本，豐富多彩的拳械招勢，以剛勢、柔勢爲基礎。千變萬化的勁力，以剛勁、柔勁爲基礎。勢顯於外，勁行於內，勁變則勢變。勁力的剛柔成分不斷變化，剛柔的推演就生生不息」[1]。在整體武術套路或武術對練的過程中，剛柔的展現蘊涵著中國武術強大的內在變化規律，剛中含柔、柔中有剛，二者相互轉化，不矛不盾。能剛能柔才是中國武術的上乘境界，例如太極拳就是以柔轉剛、運柔成剛、柔練剛用的著名拳種之一。中國武術的修煉注重剛柔相濟，互為轉發，例如：用剛不可無柔，無柔則環繞不速；用柔不可無剛，無剛則催迫不捷。"剛柔"的"和諧"是中國武術重要的哲學美學特徵之一。

五、氣韻與自然

"陰陽變易"的"自然"存在於主客體之間，也就是"人"與"武術"之間，"自然"對中國武術技能表現的內容有特殊地聯系存在，因此，對"陰陽變易"的"自然"正確認識是促進與提昇其技能表現與發展的重要關鍵之一。"氣韻、風骨、中和、意境"等是中國古典美學的範疇，其中"氣韻"更是其中重要的範疇。"氣韻"之"氣"與"韻"在中國武術而言，即是掌控中國武術哲學美學的內在精髓所在，中國武術技能表現若無法對"氣"有所掌控，則無法表現出優美之"韻"。所以，"氣"是中國武術技能表現的主軸，它即是精神層次的，同時亦為生理層次的。中國武術技能之各種身段、韻味都是一種"氣"的融合表現，它是中和圓融、雅致精微的。中國武術技能表現透過一種"圓融氣韻"的內煉，武術表現者藉由對"氣"的掌握，以各種不同的技法，寫意性地將所要表現的時間、空間分別呈現出不同的"韻"。中國武術技能表現時的"氣"與"韻"必須符合"道"之"自然"，如此才能維繫著中國武術技能表現之正確性、發展性與傳承責任。此意謂著，中國武術技能表現必須是自然的、自由

---

[1]康戈武，《中國武術實用大全》（五洲出版社，2000）。

的、自主的技能表現過程，任何人工技藝化的加工形式，都將使得中國武術技能表現脫離於"自然之道"，而成爲一種刻板的人工加工品。"氣韻"與"自然"是"道"的一體二面的形式與內容，"氣韻"的表現必須符合"自然"之規律，"自然"的"美"也因"氣韻"而得以被表現，尤其中國武術技能表現對"氣韻"與"自然"的美感掌握皆滲透於上述所談及之哲學美學特徵之中。在"虛實"、"意形"、"節奏"與"剛柔"等中國武術哲學美學特徵的實質內涵中，無不流露著"氣韻"與"自然"之"美學內涵"。

　　透過本章節上述之探討，得以了解中國武術的哲學美學特徵在於表現"陰陽變易"之關係與呈現，如本文所歸納之"虛實"、"意形"、"節奏"與"剛柔"等哲學美學特徵，都築基於"陰陽變易"的文化沃土上。"陰陽變易"哲學對中國武術的哲學美學思想，有著雕痕般的深刻影響，"虛實"、"意形"、"節奏"與"剛柔"等哲學美學特徵，無不透露著深厚的哲學基礎，無不呈現著一種深鑿的脈絡與轉化的伏流，此規律彰顯著"陰陽變易"對立與合一的協調，這都築基於主體的"存在之性"之上，這樣的哲學美學特徵分析是一種"本質的直觀性"分析。關於中國武術之哲學美學體系的關係，詳如圖（六）所示。

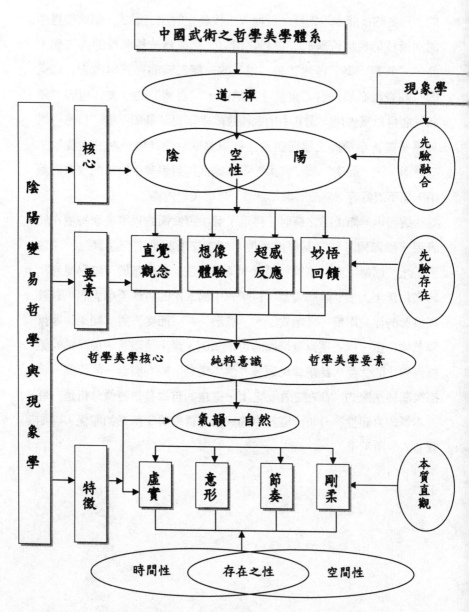

圖（六）中國武術之哲學美學體系圖

第七章 結論與建議

第一節 結 論

一、"道"的"本質範疇"與中國武術"美學內涵"

　　《老子》道生一，一生二，二生三，三生萬物（四十二章）[1]，即是展現"陰陽變易"的哲學解釋。"道"乃事物的源頭，一則爲太極，二則爲陰陽，三則爲太極與陰陽，三者分而合、合而分、相生互轉而生萬物。中國武術技能表現亦是如此，武術中各種手法、眼法、身法、步法、腿法等都離不開太極與陰陽之理，也就是說，離不開"道"的範域。亦可說是真正美的中國武術技能表現就是真實"道"的表現，各種陰陽對立、虛實互涵、剛柔互轉都統一於此"道"的存在。「"陰陽"在中國傳統文化中是重要的哲學概念，"陰陽"既指出事物的屬性，也指具體的事物」[2]。"陰陽變易"關係的規律可表徵出各種不同形態的事物，天人關係即是其中一種"陰陽變易"的表徵。天人關係是一個從古至今的哲學問題，在中國文化中，天人關係的哲學思考則體現在儒學、道學、佛學、陰陽學及其他諸種學說之中。一般而言，天人關係大多被視爲人與大自然的關係，但這並不完整。中國武術之天人關係，主要集中在"人與自然界"、"人與道"二方面，其"天人合一"即是重要的武術思想之一，亦可稱之爲"陰

---

[1] 余培林，《老子》（台北：時報文化出版，1987）。
[2] 趙國求、李銳鋒，〈陰陽平衡與現代科學物質觀〉，《武漢工程職業技術學院學報》13 卷 4 期（2001），第 20-25 頁。

陽合一"。「"天人合一"是中國傳統哲學中關於天人關係的學說。認爲人身爲一小天地,天地爲一大人身。天爲一大天,人爲一小天。天與人的關係就是大宇宙中有個小宇宙,充滿小宇宙中的陰陽二氣與周流於大宇宙的陰陽二氣相互通融,人在氣中,氣在人中。達到天人合一境界的方法,是從大宇宙的運動法則"天道"中,尋找小宇宙的運動法則"人道",以人道效法天道,使人道與天道和諧統一」[1]。武術運動講究"天人合一",不外乎就是要求人與大自然的和諧統一,通過武術修練者自身的主觀順應外在環境的客觀,主客觀協調一致,達到內氣與外氣的和諧無衝突。老子云:「人法地、地法天、天法道、道法自然」[2]。"人道"是人自身的自然本性;"天道"是宇宙之自然法則。周濂溪在《通書》與《太極圖說》之中以"誠"和"太極"爲"天道"也。《易經》云:「易有太極,是生兩儀,兩儀生四象,四象生八卦」。又云:「易與天地準,故能彌綸天地之道」。又云:「一陰一陽之謂道,繼之者善也,成之者性也」[3]。故而陰陽的基本概念,可說是"道"的概念,亦可說是"太極"的概念。陰陽如"道",如《老子》道生一,一生二,二生三,三生萬物[4]。其中"一"爲太極,"二"爲陰陽,"三"爲太極、陰、陽,以此生萬事萬物。

"陰陽變易"在傳統歷史上也爲儒、道、釋三教提供了一個最佳的整合平台,促使此三教學說互相交融,爲傳統哲學積蓄了豐厚的養份。"陰陽變易"成爲古典哲學的重要學說之一,在文化層面有著豐碩的影響。武術運動在東方文化豐沃的土壤中成長,在"陰陽關係"

---

[1] 康戈武,《中國武術實用大全》(五洲出版社,2000)。
[2] 余培林,《老子》(台北:時報文化出版,1987)。
[3] 《易 經》(老古文化事業有限公司,1994)。
[4] 余培林,《老子》(台北:時報文化出版,1987)。

的矛盾過程中不斷地豐富，傳統哲學之"陰陽關係"無不時時刻刻牽動著武術運動的歷史脈絡、現實價值與未來發展。學者左亞文云：「陰陽和合辯證思維之所以是中華文化的本根、靈魂和基因，是因為它是一種獨具特色的辯證思維方式，集中反映了中華民族的心理特質、思維習慣、認知圖式、人生態度、價值取向和行為準則，它以其巨大的滲透力和生命力，深深根植於我國傳統的哲學、政治、經濟、文學、藝術、醫學乃至日常的生活方式和風俗習慣之中，而且以遺傳的方式不斷再生著這些精神文化和物質文化」[1]。"陰陽變易"的基本規律，可以分為對立、互根、消長與轉化。中國武術講究動靜互轉、剛柔相濟、後發先至、虛實轉化等，都是以陰陽辯證思維為指導原則的。「《周易》的剛健有為的思想是武術得以存在的最基本思想，強調剛健有為，強調運動。運動就是變化，變易。中國古代許多學派的哲學思想都認為一切事物都是在變化之中，變化是宇宙中的一個根本現象，事物的這種變化，在中國古代常被表述為陰陽變化。這種陰陽變化必然充滿於武術之中。因為武術是一種攻防技術，所以這種陰陽變化不僅表現為攻防雙方由攻轉防，或由防轉為攻，同時也表現為雙方在這種轉換中各自的每一個具體動作之中。武術拳種甚多，幾乎無不講剛柔並濟，既不能純剛而僵，也不能純柔而軟」[2]。「長拳運動的十二型，可謂是陰陽模式的典範。它將運動中的節奏歸納為動靜、快慢、起落等方面，並借聯想、推類等方式加以潤色，將自然界中的宏觀景象融會到動作中。一方面形成了生動、直觀的動作意象，易於溝通主體，使主體感悟動作的內在精神；另一方面，突出體現了長拳運

---

[1]左亞文，〈陰陽和合辯證思維的當代闡釋〉，《江漢論壇》（2001），第62-67頁。
[2]溫　力，〈周易的哲學思想和中國武術的運動原理〉，《武漢體育學院學報》102期（1994），第9-13頁。

動中陰陽反襯的特徵」[1]。「而"時"的觀念是《周易》哲學的中心觀念」[2]。如何掌握時機,在武術的修練或攻防技擊理論中實為重要,能適時而應變,重於所練之拳種,若不能適時而應變,則更無法應用時機,進而創造時機。

傳統哲學的"陰陽學說"對武術運動的發展產生積極的促動,武術運動技法原理之內外合一、教學原則之內外兼修、訓練原則之內外互導等無不深受"陰陽學說"的影響。因此,武術運動實是一種陰陽運動或說是太極運動。武術太極說:「易有太極,是生兩儀。以太極為產生萬物的本源。認為有靜無形的內動外靜之態就是太極」[3]。「太極運動,實際上就是"陰陽對極"在實踐中的具體運用。各種"陰陽對極"共置的一體中層層設防,層層相因,使太極運動在矛盾的對極中達到科學性、競技性與藝術性的完滿統一,並賦予太極運動以更深刻的文化內涵和美學意蘊,同時,也使得太極教學與實踐具有深厚的理論根基,深入淺出,觸類旁通,以不變應萬變,成效極其明顯」[4]。因此,可以得知"陰陽對極"對武術技能表現、修練的影響是重要的,中華傳統武術文化蘊含的陰陽哲理文化基因。「中國傳統武術理論中,無論是拳理闡述、對技法的概括、訓練機理的概述、技擊原則的確立,都深受古典哲學之"陰陽學說"理論的影響,陰陽哲理已成為武術文化必不可少的基本理論構架」[5]。「"陰陽哲理"為研究中國武術之現象、本質、規律的一種科學,應全面性地探討與分析所有

---

[1] 秦子來,〈長拳與太極拳的陰陽之我見〉,《湖北醫科大學體育函授通訊》3期(1997),第15-16頁。

[2] 呂紹綱,《周易闡微》(長春:吉林大學出版社,1990)。

[3] 康戈武,《中國武術實用大全》(五洲出版社,2000)。

[4] 蔡小瓏,〈論太極運動的陰陽化合〉,《三明職業大學學報》4期(1998),第71-72頁。

[5] 趙雲龍、龔江泳,〈淺析武術與古典哲學陰陽理論的關係〉,《浙江體育科學》23卷5期(2001),第52-54頁。

的事實，中國武術在當今亦是體育重視的一環，它涵藏著豐富的中國
傳統哲學，因此，更是需要透過當代哲學科學觀、方法觀來給予符合
時代變異需求的探討與分析」[1]。

二、中國武術哲學化的美學思辨

－純粹先驗情感的想象存在

中國武術這一人體技能藝術，表徵著中國傳統哲學的真切與美學
的情感，中國武術修煉的最終境界，仍是歸於人性的本源－"存在之
性"，也就是由哲學角度探索中國武術之美學，我們必須回到以
"人"爲本體的思考。回到人就是回到"人"之實體的存在，考量人
性的主體影響力與創作力，這不是什麼精神或物質的相對問題，關鍵
在於回歸"人"之實體存在的思維，能夠切切實實地製造對於客觀現
象的反應，這是整個情感性和理智性兼具的思辨與回饋。人之心靈的
作用是無限之大，此無限大可謂之"無"或"無極"，故中國傳統哲
學對此常言曰"道"。"道"展現於人體技能藝術之中，則是一種自
然人性的顯現，一種自然的人化現象，這不僅是一種藝術，亦是一種
哲學美學。學者指出，「天地（既自然）之美雖然真實無妄，但卻是
不可言喻的。唯有透過對於自然之美的心領神會，"人"始得以達致
真理，而真理即是道在萬物中之開顯」[2]。「在一個真正深刻的藝術世
界中，如"人"真知藝術，常不看其輝煌光彩之一面，而只尋求屬於
人類永恆性之人性的表達、呈現與呼喚。一切世界都太小，唯心靈的

---

[1] 鄭仕一，〈從體育哲學範疇探究陰陽關係在中國武術教學中的價值〉，《大專體育
學刊》5 卷 2 期（2003），第 11-25 頁。
[2] 沈清松，〈莊子與海德格的美學〉，《利瑪竇學術資料庫》（2003）。
資料引自 http://www.riccibase.com/docfile/art-tk01.htm。

世界最大。是以一切真正的藝術家或哲學家，都必是人性內在大世界之住客。其不事外在，亦自然之事也」[1]。中國武術的美學思維在於"恰到好處"，也就是不偏不倚的哲學思辨。換言之，在"虛實"、"意形"、"節奏"與"剛柔"等美學特徵之掌握，應回歸於"道"；基於人性的"道"；師法自然的"道"；陰陽合諧的"道"，中國武術始能朝向"進技於道"的藝術境界，如學者云，「藝術不只是技藝而已，卻要能藉著技術，彰顯道趣」[2]。如此，中國武術的美學研究不致脫離哲學要求的根本性、根源性、本質性，亦不使這一人體技能藝術之美學研究流於垢塵走俗、隨俗浮沉。

「作為現象學哲學開創者的胡塞爾運用其哲學基本原理具體分析了美學和藝術中知覺與想像的關係」[3]。「胡塞爾對生活世界進行分析的結果清楚地表明，以往哲學所設想的一切有意義的問題，一切可以設想的存在問題，都不會超出超驗現象學的研究範圍，而生活世界的學說會使現象學的超驗還原趨於完美。因為存在和真理是被體驗的，而不是被表達的，存在的健忘不能使世界健忘」[4]。中國武術技能表現藉助現象學之"本質直觀"與"先驗主觀"的"懸置"方法，將作為客體對象的中國武術技能表現視為一種人體技能藝術進而還原出本質現象，使其具備廣大的視域與無限的可能性，這是人體技能藝術的本質特徵；更重要的，還原出隱蔽於作為主體的"人"之"自我經驗"與"自我存在"背後的"純粹自我"與"先驗情感"，並以一種"活

---

[1] 史作檉，《林布蘭藝術之哲學內涵》（台北：書鄉出版社，1994）。

[2] 沈清松，〈莊子與海德格的美學〉，《利瑪竇學術資料庫》（2003）。
資料引自 http://www.riccibase.com/docfile/art-tk01.htm。

[3] 張永清，〈胡塞爾的現象學美學思想簡論〉，《外國文學研究》1期（2001），第12-17頁。

[4] 周貴華，〈試論胡塞爾現象學的開放性及意義〉，《襄樊學院學報》22卷4期（2001），14-18頁。

動義的超越主體性"將主體－"人"與客體對象－"武術"給與了
"先驗的融合性",這亦是中國傳統哲學"道"的境界呈現。中國武
術技能表現者與觀賞者都能以此"先驗的融合性"爲核心,共同發現
隱藏於經驗、判斷等意識中的先驗情感,這是真實的先驗情感與想像
存在,真正的人體技能表現藝術(武術技能藝術)是**"純粹先驗情感
的想象存在"**。中國武術技能表現的價值就在於它先驗的"純粹存
在",它不是經驗意識或判斷思維下的中國武術技藝,而是先於經驗
意識的情感,是中止判斷下的直觀意識,是純粹不經加工加料的真正
人體技能藝術。

三、研究假設的證實

(一)"身體－主體"的"存在之性"構成了主體的"知覺現象
　　　場",它蘊藏著"曖昧性"、"渾沌性"與"純粹性",因
　　　此,主體的"審美感知"是"超越的主體性"的呈現。

　　　"身體－主體"的"審美感知"在經驗意識與"純粹意識"下有
著不同的表現。經驗意識與判斷使人陷於固化,若"人"意識或判斷
固化則使其異化,異化則非實、非實則主客皆病,病則危及主體與環
境,此病爲執著於主體或客體,而無法領悟二者之變動的互動關係中
才是"本質範疇"的存在。中國武術若無法探索尋獲及顯現"本質範
疇",則易流於一種身心靈分離異化的偏見,造成"身體身體化、心
靈心靈化"的二分現象,其表現必然是一種偏差表現或僞裝表現。就
如俗人不知陰陽二分爲"道"之"道",是"象"外"象",而執著
於"道",不見"道"。在"身體－主體""存在之性"的"審美感
知"上蘊藏著"曖昧性"、"渾沌性"與"純粹性",它是"超越的

主體性",也就是"審美感知"是超越主體後與客體融合一致的呈現,它不執於主體的主動性,也不執於客體的存在性,而是使其"審美感知"自然地發生於主客體二者變動的互動關係之中。因此,客觀世界的性質與身體知覺是相互交融的,互為轉化的,如梅洛龐蒂言:「有感覺能力的主體不把性質當作物體,而是與性質一致,把性質佔為己有」[1]。

中國武術哲學美學"本質範疇"的內涵或解釋若是由作為主體的經驗意識依照"陰陽變易"哲學的分析判斷而成,它會是中國武術技能表現的當前現象的解釋,亦是中國武術哲學美學恆常本質的外層定義。只是中國武術技能表現之現象乃源於中國武術哲學美學的核心,其種種現象的發生都具有獨特性或個別性,是變動不定的性質,這是由客體與主體的經驗性格所形成的。因此,中國武術哲學美學應從主客體的經驗性格領域中引退或將之剝離,由超越的主體純粹性格而非經驗性格的先驗的"純粹意識"中去探究其"本質範域"。從中可以發現,中國武術的"審美感知"是存在於主體的"本質範疇"的"**知覺現象場**"之上,它蘊藏著"曖昧性"、"渾沌性"與"純粹性",因此在這"**知覺現象場**"的"審美感知"是一種"**超越的主體性**"的呈現。所謂"**超越的主體性**"意指對於主體的一切經驗意識的特性均予以超越,進而獲致主體與客體的一致性或融合性,在這之中體現出中國武術哲學美學的真實"本質範疇"。這個"**超越的主體性**"亦為"陰陽變易"哲學的最終境地—"道"。"曖昧性"、"渾沌性"與"純粹性"使得"審美感知"不落入僵化的或制式的"審美"規範的控制中,創造了"審美感知"的一切可能與價值,這同時亦造就了中國武術獨特之"身體心靈化"與"心靈身體化"的"美學內涵",這

---

[1] Merleau-Ponty, Maurice,(1962). *phenomenology of Perception*, p.214。

就是中國武術之"陰陽合一"或"天人合一"的核心。所以，就中國武術而言我們確立了"身體－主體"的"審美感知"是"**超越的主體性**"的呈現，是蘊涵了"曖昧性"、"渾沌性"與"純粹性"的"本質範疇"，這亦符合了"道"的"本質範疇"。

（二）"**陰陽變易**"的"**對立、衍生、融合**"等關係構成了中國武術"**本質範疇**"上直觀的"**審美關係**"。在這直觀的"**審美關係**"中，蘊涵著屬於中國武術"**本質範疇**"之美。

　　"陰陽變易"蘊涵著"對立、衍生、融合"的關係，這三種關係是變動性的存在結構，它表徵著宇宙間的"本質範疇"，也表徵著"道"的本質範疇。中國武術在功法、套路、格鬥上被"陰陽關係"深化著，因此，"陰陽關係"之"對立、衍生、融合"就形成了中國武術直觀上的"審美關係"。"審美關係"在"陰陽關係"之"虛實動靜"、"主體意識"、"超越有無"之體現，以主體"純粹意識"為主導作用，在"純粹意識"的"先驗範域"中引發虛實相生互轉，達到"時空"有無的"超越"，其"審美關係"貫穿了整個"審美"活動，包括"審美感知"、"審美意象"與"審美判斷"的"審美"序列的過程。"陰陽變易"之"對立、衍生、融合"的關係，形成了中國武術哲學美學的基石，由這些"審美關係"引動著在"身體－主體"的"存在之性"的"審美感知"、"審美意象"與"審美判斷"的直觀發生，這是無經驗意識地、自然自主地發生著"審美"活動。這樣的"審美"結果是"渾沌性"與"純粹性"的，是在"本質範疇"上發生的種種可能性，它並不是預先得知的，而是超感的反應與純粹感性的結果。此一直觀性的"審美關係"亦符合於"道"的"本質範疇"。

　　在直觀的"審美關係"中，蘊涵著屬於中國武術"本質範疇"之美。"陰陽關係"所蘊涵的種種現象，必須透過哲學的系統方法加以解析，以提煉出蘊藏於武術技能藝術中之本質性、直觀性的"美學內涵"。這一哲學思辯，由"陰陽變易"哲學之"矛盾、規律、存在、認識、實踐、異化"等範疇，探討中國傳統文化之"陰陽變易"與時代需求之"武術技能藝術"之間的矛盾與統一，提煉出在其中的"審美關係"，進而反映著關於"剛柔與審美"、"節奏與審美"、"自然與審美"、"虛實與審美"、"意形與審美"與"氣韻與審美"等"本質範疇"之美的存在。主體在上述"陰陽"之"審美關係"所產生的感性的"時空"中進行著"審美"的過程。主體在直觀的"時空"中形成的超感氛圍中，實現"審美"的最高想像與體驗，即在精神或心靈層次突破現實"時空"的限制，於有限中取無限，於瞬間得永恒。"時空"超感形態的變化，本質上是"陰陽"化合的結果。"陰陽關係"之二氣是由"一元"之"氣"或"太極"生成的。"空間"是客觀世界與主體互動生命的存在根源；"時間"則是二者互動生命的延續與發展。"生命"體現於"生死"、"剛柔"、"有無"、"虛實"、"動靜"，但最終都統一於主體與客體變動的互動之"氣"。"陰陽之氣"構成了宇宙生命的"時空"，本質上體現了宇宙之"道"的"直觀性渾沌"。"陰陽二氣"之用，統一了主客體互動生命的"時空"。主體在"時空"中的"審美感知"，由"感知"到"心"到"氣"，而引動了在"本質範疇"上"審美關係"的"超越"與"融合"的境界。審美的"時空"由"陰陽關係"構成了主客體的"現實審美時空"與"心理審美時空"的渾然合一，這是"陰陽關係"的高度"融合"。

（三）中國武術透過“道”確立了自然的、有無的、益損、反動、心
　　　齋與坐忘的“審美意象”，這是“和諧氣化”與“超越主體”
　　　的“審美意象”。“審美意象”是由主體最根源的“存在之
　　　性”的純粹的“審美感知”而產生的，它如“道”一樣蘊涵著
　　　“身體心靈化”與“心靈身體化”的內涵。

　　中國武術透過“道”確立了自然、有無、益損、反動、心齋與坐
忘的“審美意象”，這是“和諧氣化”與“超越主體”的“審美意
象”。“道”是從自然環境中的種種現象領悟而得出的另一個自然，
這另一個自然是一種主客體間變動的互動關係，它存在於真的自然之
中，只是它隱而不顯，“道”就是作為一種合於自然法則的遊動或變
動狀態，對於“道”的掌握是中國武術修練的最高指導原則，武術表
現透過種種不同的技法尋求著與自然（天）的融合，透過主體對
“道”的“意象”，將自然（天）與自我在這“意象”所創造的另一
自然中給融合了。這就是老莊哲學的終極訴求。老莊的“美學內涵”
是建立在心靈層次的自由解放，以純粹知覺為本質而不受任何欲望或
知識的影響，在人性的角度上促使心境致極的自由，愈自由就愈能享
受“審美”的觀照，“審美意象”就如“道”般地自然發生。自由能
在人的心靈上產生美的意境，這是境外之意、象外之象的“審美意
象”。武術技能透過人體的生理與心理功能的交互作用而得以表現，
此表現的內涵蘊藏著主體想像意境的美，中國武術的“美學內涵”也
就蘊藏在“身體－主體”的“審美意象”之中。從“道”的“本質範
疇”中解析了自然、有無、益損、反動、心齋與坐忘的“審美意
象”，整體而言，這些都是“道”的“本質範疇”上所呈現出的規

律，藉由這些規律，中國武術的"審美意象"方能深入"和諧氣化"
與"超越主體"的境地。

　　"審美意象"是由主體最根源的"存在之性"的純粹的"審美感
知"而產生的，它如"道"一樣蘊涵著"身體心靈化"與"心靈身體
化"的內涵。"審美意象"是由主體最根源的"存在之性"的純粹的
"審美感知"而產生的，二者都是中國武術"審美"活動不能或缺的
元素。"審美意象"是純粹直覺、純粹直觀的意向性的想像，它自然
且必然地存在於"人"的最根源本性之中，就如老子"道"的"意
象"一般，是"直覺性的模糊"或"直觀性的渾沌"，也因如此，才
使"道"的"意象"有如此無限的空間與時間。因此，在這"直觀性
的渾沌"中，"身體"才有可能被"心靈化"，而"心靈"也才可能
被"身體化"，也就是說，"天人合一"或"身心合一"才具備了可
能性。實際上，就是這樣的"直觀性的渾沌"的"道"的"意象"才
使得"審美意象"超越了空間與時間的概念的。也因如此，"美學"
才能被創造、被發展而成為一門深奧的學問。"直覺性的模糊"或
"直觀性的渾沌"是主體想像力的結果，對於"道"進行了深廣且強
力的想像，創造了"道"的渾沌性。中國武術的"美學內涵"也就在
這"直觀性的渾沌"中確立了"身體心靈化"與"心靈身體化"的內
涵。"身體心靈化"與"心靈身體化"是中國武術獨特之"美學內
涵"，它不獨自存在於"身體技能"之中，亦不單獨存在於"心靈"
的修煉上，它必須存在於"身體"與"心靈"的變動的互動關係之
中，進而"身心合一"而與客觀世界和協一致。也就是所謂"身體－
主體"之意，它代表主體透過身體知覺克服自我和世界、身體和精神
或種種存在認知之間的二元對立的思維，進而在"本質範疇"的"渾

沌性"與"純粹性"上獲得主客統一的直觀思維,也可說是"身體心靈化"、"心靈身體化"二者的極致呈現。

(四) "身體－主體"由中觀哲學"空性"的"融合性"與"超越性"的體悟,昇華了中國武術"融合的拳禪藝之美"與"超越的活動義之美"的"美學內涵"。因此,"身體－主體"由中觀哲學"空性"的體悟,就形成了不受經驗意識羈絆的"審美判斷",這"審美判斷"如現象學之"回到事物本身"。

　　"身體－主體"由中觀哲學"空性"的"融合性"與"超越性"的體悟,昇華了中國武術"融合的拳禪藝之美"與"超越的活動義之美"的"美學內涵"。"身體－主體"由中觀哲學"空性"的"融合性"與"超越性"來看,武術技能藝術強調之"陰陽調和、內外合一、形神合一、天人合一"的概念將可以由"融合的拳禪藝之美"與"超越的活動義之美"的"美學內涵"來完成,中觀哲學的"空性"昇華了中國武術的"美學內涵",將"拳"與"禪"與"藝"融合一致,體現了中國武術"身體心靈化"與"心靈身體化"的內涵,這是"道"的內涵。學者指出,「武術家認為人體這個主體與宇宙這個客體,兩者有著內在的聯繫,習武練拳必須使主體和客體相一致,才能達到練功的目的。宇宙萬物之本是"道","道"即是"無"。武術攝取了道家這一哲學思想。道者,萬物之靈。道家視"道"為萬物之核心」[1]。這與中觀哲學所言之"空性"是與"道"一樣的具有了極致的"超越性"與"融合性",此極致的"超越性"與"融合性"源於"本質範疇"之"渾沌性"與"純粹性",因為"本質範疇"之"渾

---

[1]徐宏魁、韓靜,〈簡論武術的哲學思想〉,《體育函授通訊》18卷（2002）,第26-28頁。

沌性"與"純粹性"所以能"超越"與"融合"。武術技能藝術的"審美判斷"的困難也就在於具體地把握這"超越性"與"融合性",因此,若能透過對中觀學之"緣起性空"的徹悟與親身體驗,並借助現象學方法採取其"本質直觀"與"先驗主觀"的方法,對於武術技能藝術之**"融合的拳禪藝之美"**與**"超越的活動義之美"**的"美學內涵"定能較有效的掌握,在武術技能表現者自身的修練上亦更能通過這樣的"美學內涵"而真切地掌握其"超越性"與"融合性"的本質。可以確定的是,中國武術之"拳"與"禪"與"藝"融合一致,是可以藉由中觀哲學"空性"來昇華它的。

"身體-主體",代表主體透過身體知覺克服自我和世界、身體和精神或種種存在認知之間的二元對立的思維,進而在"本質範疇"的"渾沌性"與"純粹性"上獲得主客統一的直觀思維,也可說是"身體心靈化"、"心靈身體化"二者的極致呈現。在"身體-主體"的概念下形成的"審美判斷",提昇了"身體心靈化"、"心靈身體化"的效應。透過中觀哲學"空性"的體悟更可以證實"審美判斷"應如現象學之"回到事物本身"一樣,對中國武術的"審美判斷"不應受到經驗意識的羈絆。若對"空性"無法正確地領悟,就會像對"道"或"陰陽"無法正確領悟一樣地會使得主體的"審美判斷"進入了"經驗誤區",而使得這樣地"審美判斷"制式地主導與限制、壓抑了中國武術如"道"般地深廣的"美學內涵"。因此,為了提昇"身體心靈化"與"心靈身體化"的"道"的呈現,我們可以藉助中觀哲學"空性"的種種論述並深切地領悟,進而使"道"不只是"道","道"的"本質範疇"是無限地、超越地、融合地時間與空間的呈現。"渾沌性"與"純粹性"的"審美判斷"才能呈現真實的中國武術的"美學內涵",它就"身體心靈化"與"心靈身體化"

的 "道" 的呈現，就是不受時間與空間的經驗意識的羈絆，方能將
"拳" 與 "禪" 與 "藝" 融合一致，並使之變動地存在於主客體之互
動關係中，這就是 "超越的活動義"，就是 "回到事物本身"，就是
"空性"，就是 "道"。

（五）中國武術哲學美學體系的建構。

      1、中國武術哲學美學的核心是 "先驗的融合性" － "人" 與
        "武術"。

      2、中國武術哲學美學的要素是 "先驗的存在性" － "直覺觀
        念、想像體驗、超感反應、妙悟回饋"。

      3、中國武術哲學美學的特徵是 "本質的直觀性" － "虛實、
        意形、節奏、剛柔"。

    中國武術之哲學美學 "先驗" 與 "本質" 的現驗學詮釋，還原出
了其 "本質範疇" 的 "美學內涵"，它是哲學化的美學。如學者指出
的，「哲學本質上就是一種存在性導源之學，它的方法就是 "還
原"」[1]。因此，中國武術技能表現作為一種人體技能藝術，其蘊涵豐
碩的哲學美學思維，透過現象學還原的思辨，還原出中國武術獨特的
哲學美學核心－**"人"** 與 **"武術"** 與要素－**"直覺觀念、想像體驗、
超感反應、妙悟回饋"**，其中具有高度價值的哲學美學觀念與思維。
"虛實、意形、節奏、剛柔" 構成中國武術美學辨證思維的基本特
徵，在實質內涵中具備極為濃厚的東方民族美學意識。中國武術有其
獨特的文化傳統、思想內涵、實用價值，它亦是一種人體技能藝術與
哲學美學，透過現象學我們能夠解析出其所蘊涵的本質性的美學內
涵。學者指出，「在現象學還原中，如果我們能依本質的準則把意識
或意向性所管不到的超離的東西擱開，不讓它們混淆我們的認知，一

---

[1] 史作檉，《三月後的五卷》（台北：人本自然出版社，2002）。

切依本質的準則的規定來處理我們的體驗，我們便會面對著一個真實的、有本質內涵的境界。這便是現象學所要建立的真理世界」[1]。中國武術的哲學美學"**先驗融合性的核心**"－"**人**"與"**武術**"，這並不是一般的主客體之謂，其核心乃存在於"人"與"武術"這二者的變動的互動關係之中，若不能本質性地直觀這一變動的互動關係是"先驗的融合性"的現象，則會失去其真確的哲學美學核心，而將之認定爲主客二分的現象。再則，關於中國武術哲學美學"**先驗存在性的要素**"－"**直覺觀念、想像體驗、超感反應、妙悟回饋**"乃基於主體最根源的"存在之性"而被構成的要素，主體的"審美感知"、"審美意象"、"審美判斷"都建築在此"存在之性"之上。重要的是此要素與核心的連動關係，也就是說"**直覺觀念、想像體驗、超感反應、妙悟回饋**"是一種"先驗的存在性"，它必須連動於中國武術的哲學美學核心－"**人**"與"**武術**"變動的互動關係，由此核心自在自爲地連動至主體的"**直覺觀念、想像體驗、超感反應、妙悟回饋**"，而形成一種"先驗的存在性"的必然。因此主體的"**直覺觀念、想像體驗、超感反應、妙悟回饋**"是先驗而不受經驗意識的混淆與改變，如此，這要素才能形成一真實本質呈現的"審美感知"、"審美意象"與"審美判斷"。最後，中國武術之哲學美學"**本質直觀性的特徵**"－"**虛實、意形、節奏、剛柔**"，這絕對不是二元思維的的特徵，而是"**虛實、意形、節奏、剛柔**"的融合與超越的"本質直觀"範疇，武術表現若不能有此"本質直觀"的"融合性"與"超越性"，則無法進入"道"的至高境界。當然，這些特徵與上述之核心、要素亦有著必然的連動關係存在，這些特徵都是武術技法的重要內涵，這些內涵的美學表現則必須依存在主體的"存在之性"上，因此，這並不是

---

[1] 吳汝鈞，《胡塞爾現象學解析》（台北：臺灣商務印書館，2003），第35頁。

單純的武術自身所具備的特徵，還必須溶入主體 "本質直觀性" 之 "審美感知"、"審美意象" 與 "審美判斷" 的感性思維中，才能成為武術的哲學美學 **"本質直觀性的特徵"**。

縱觀武術套路運動中多種拳術，器械以及對練的演練形式，在技術特點和風格趣味上，各具其技術和藝術的表現特徵。如徒手演練的拳術中，剛勁有力渾厚沉穩的南拳；飄灑大方、氣勢奔放的通臂拳，絲絲如扣、圓活走轉的八卦掌；造型舒展的長拳；還有形、法、勢融為一體的象形拳等。從內容素材的結構，節奏變化的差異表現技擊的風格都有自己拳種的獨特形式。南拳以勁力稱道，突出陽剛美；通臂拳以氣奇人，突出氣勢之美；自選長拳以姿態灑，功架嚴整，突出造型之美[1]。上述不論是何種拳種，都離不開本文所歸納之美學特徵 "虛實"、"意形"、"節奏" 與 "剛柔" 等。上述美學特徵為外在表徵，隱含其內在的實質現象，它聚四海之精華，創民族之特色，顯自然之景物，展宇宙之變化。但從美學意義上來講，這些美的內容要通過一定的形式表現出來。

第二節　建　　議

一、從現象學理論探究中國武術技能表現之 "時間" 與 "空間" 範疇。

本文憾於篇幅所限，無法將現象學諸多範疇引入論述中，期此論文作為前引，後續則將針對胡塞爾現象學之 "本質直觀"、"先驗主觀"、海德格爾的 "存在與時間" 與梅洛龐蒂之 "知覺現象學" 如何

---

[1] 張茂于，〈現代美學思想與武術〉，《西南民族學院學報》23 卷（2002），第 299-300 頁。

應用於中國武術技能藝術的理論建構上，期能結合中國武術之哲學美學與現象學作一系列的更深入探索與研究，針對中國武術技能表現在"時間"與"空間"二大範疇上做更深層的現象學分析，從"存在"領域探究"時間"與"空間"的互存關係，破除一般觀念下連續性的"時間"概念，以及破除一般連續性"時間"概念後的"空間"存在。由此進入並探究中國武術技能表現的"時間"與"空間"表現。

二、由現象學之"知覺現象學"作爲進路探究中國武術之"身體心靈化"與"心靈身體化"的教育觀。

"知覺現象學"，是法國哲學家梅洛龐蒂的現象學學說，「認爲人的存在是一切存在的基礎，知覺是人的存在的先驗結構，知覺把自我和世界聯結起來，是真正的存在領域。知覺的主體具有身體和精神兩方面，以此爲基礎可克服自我和世界、身體和精神之間的二元對立，實現二者的統一」[1]。梅洛龐蒂的"知覺現象學"在理論基礎上就是蘊涵著"身心合一"的概念，因此，以此爲進路來探究中國武術獨特的"身體心靈化"與"心靈身體化"的教育觀，同時並參閱西方新興的"身心學"理論，試圖由此提煉出深化於中國武術的"本質範疇"的"身"與"心"合一的教育觀點，使得中國武術能符合當代的價值潮流。

---

[1] 《哲學小辭典》（上海辭書出版社，2002），第230頁。

參考文獻

英文文獻

1. Dufrenne, Mikel, （1973）. *The Phenomenology of Aesthetic Experience,* trans. by Edward S. Casey, Northwestern University press.

2. Edmund, Husserl, （1980）. *The Idea of Phenomenology,* trans. By William P. Alston and George Nakhnikian, Dordrecht: Martinus Nijhoff publishers Press.

3. Herbert Spiegelberg, （1982）. *The phenomenological Movement*, Hague: Martinus Nijhoff.

4. Merleau-Ponty, Maurice, （1962）. *phenomenology of Perception,* trans. By Colin Smith, New Jersey Press。

5. Merleau-Ponty, Maurice, （1993）. *The Merleau-Ponty Aesthetics Reader,* ed. by Galen A. Johnson, Evanston, Northwestern University Press.

中文文獻

中文書目

1. 《中論》，龍樹菩薩，鳩摩羅什譯，《大正藏》第三十冊。

2. 《大智度論》，《大正藏》第二十五冊卷三十一。

3. 方東美，《原始儒家道家哲學》（台北：黎明文化事業公司，1987）。

4. 方立天，《中國佛教哲學要義》（中國人民大學出版社，2002）。

5. 王邦雄，《老子哲學》（台北：東大出版社，1983）。

6. 史作檉，《九卷》（台北：人本自然出版社，2002）。

7. 史作檉，《三月後的五卷》（台北：人本自然出版社，2002）。

8. 史作檉，《哲學美學與生命刻痕》（台北：書鄉出版社，1993）。

9. 史作檉，《塞尙藝術之哲學探測》（台北：書鄉出版社，1996）。

10. 史作檉，《林布蘭藝術之哲學內涵》（台北：書鄉出版社，1994）。

11. 伍至學，《老子反言名論》（台北：唐山出版社，2002）。

12. 印順導師，《中觀今論》（正聞出版社，2000）。

13. 印順導師，《中觀論頌講記》（正聞出版社，2000）。

14. 牟鐘鑒、張踐，《中國宗教通史上冊》（北京：社會科學文獻出版社，1997）。

15. 朱志榮，《中國藝術哲學》（東北師範大學出版社，青年美學博士文庫，1998）。

16. 朱熹纂，《四書章句集注》（長安出版社，1991）。

17. 杜夫海納，《審美經驗現象學》（北京：文化藝術出版社，韓樹站譯，1996）。

18. 杜夫海納，《美學與哲學》（北京：中國社會科學出版社，1985）。

19. 杜書瀛，《文藝美學原理》（社會科學文獻出版社 1998）。

20. 李澤厚，《美學四講》（廣西師範大學出版社，2001）。

21. 李澤厚，《華夏美學》（天津社會科學院出版社，2001）。

22. 《易 經》（老古文化事業有限公司，1994）。

23. 金剛般若波羅密經。《大正藏》第八冊，般若部卷四。

24. 余培林，《老子》（台北：時報文化出版，1987）。

25. 呂紹綱，《周易闡微》（長春：吉林大學出版社，1990）。

26. 林淑文，《莊子美學原理初探》（東吳大學哲學系碩士論文，2002）。

27. 宗白華，《宗白華全集第二卷》（安徽：安徽教育出版社，1994）。

28. 宗白華譯，《判斷力批判-上卷》（商務印書館，1964）。

29. 周　憲，《美學是什麼》（台北：揚智文化事業，2002）。

30. 吳汝鈞，《胡塞爾現象學解析》（台北：臺灣商務印書館，2003）。

31. 吳汝鈞，《龍樹中論的哲學解讀》（台北：臺灣商務印書館，1999）。

32. 周　憲，《美學是什麼》（台北：揚智文化事業，2002）。

33. 胡經之，《文藝美學》（北京大學出版社，2003）。

34. 胡塞爾，《現象學的方法》（上海譯文出版社（倪梁康譯），1994）。

35. 胡塞爾，《現象學的觀念》（上海：上海譯文出版社，1986）。

36. 胡塞爾，《純粹現象學通論》（北京：商務引書館，1996）。

37. 《哲學小辭典》（上海辭書出版社，2002）。

38. 孫通海，《中國古典美學舉要》（安徽教育出版社，2000）。

39. 《莊子》（智揚出版社，1993）。

40. 海德格爾，《存在與時間》（北京：三聯書店，1987）。

41. 夏晟珮，《論胡塞爾現象學中的同一性問題》（國立中央大學哲學研究所碩士論文，2003）。

42. 夏基松，《現代西方哲學教程》（上海：上海人民出版社，1985）。

43. 徐復觀，《中國藝術精神》（華東師範大學出版社，2001）。

44. 《迴諍論》。大正藏卷三十二。

45. 康戈武，《中國武術實用大全》（五洲出版社，2000）。

46. 《教育部國語辭典》（台北：教育部國語推行委員會，1998）。

47. 許抗生，《老子研究》（台北：水牛圖書出版，1993）。

48. 許光麃，《近代中國武術文化之變遷》（國立臺灣師範大學體育研究所博士論文，2002）。

49. 梅洛-龐蒂、科林·史密斯譯，《知覺現象學[M]》（倫敦，1962）。

50. 陳克明，《周敦頤集》（北京：中華書局，1990）。

51. 陳學仁，《龍樹菩薩中論八不思想探究》（國立中央大學中國文學研究所碩士論文，1998）。

52. 彭怡文，《中國武術傳承模式的現代省思》（南華大學教育社會學研究所碩士論文，2001）。

53. 馮友蘭，《中國哲學史》（華東師範大學出版，2000）。

54. 黃裕宜，《老子自然思想的考察》（國立臺灣大學哲學研究所碩士論文，2000）。

55. 楊惠南，《龍樹與中觀哲學》（東大出版，1988）。

56. 詹明樹，《武術太極拳》（國立體育學院教練研究所碩士論文，1999）。

57. 張耀庭，《中國武術史》（北京：人民體育出版社，2003）。

58. 張肇祺，《美學與藝術哲學論集》（台北：文史哲出版社，1993）。

59. 熊　偉，《現象學與海德格》（台北：遠流出版公司，1994）。

60. 蔣孔陽、朱立元，《美學原理》（上海：華東師大出版社，

1999）。

61. 蔣孔陽譯，《判斷力批判》（商務印書館，1980）。

62. 蔡　宏，《般若與老莊》（成都：巴蜀書社，儒釋道博士論文叢書，2001）。

63. 蔡　儀，《美學論著初編》（上海：文藝出版社，1982）。

64. 蔡美麗，《胡塞爾》（台北：東大出版，1980）。

65. 蒙培元，《中國心性論》（北京：學生書局，1996）。

66. 劉畹芳，《「身體-空間」經驗的現象學研究》（南華大學環境與藝術研究所碩士論文，2002）。

67. 劉一民，《運動哲學研究》（台北：師大書苑出版，1999）。

68. 韓廷傑，《中論-中國佛教經典寶藏精選白話版》（佛光出版社，1997）。

中文期刊

1. 王天成，〈西方辯證法與中國哲學精神的理論交滙點〉，《長白學刊》3 期（1995），第 19-23 頁。

2. 左亞文，〈陰陽和合辯證思維的當代闡釋〉，《江漢論壇》（2001），第 62-67 頁。

3. 李振綱，〈自然之德性與無為之智慧－老子哲學的本體與方法〉，《河北大學哲學系哲學研究》7 期（2002），第 47-52 頁。

4. 李　旭，〈論中國美學範疇的特徵〉，《五邑大學學報》4 卷 3 期（2002），第 12-16 頁。

5. 沈清松，〈莊子與海德格的美學〉，《利瑪竇學術資料庫》（2003）。資料引自 http://www.riccibase.com/docfile/art-tk01.htm。

6. 尙黨衛、陳林，〈胡塞爾現象學的人學意蘊〉，《江蘇大學學報》

4 卷 4 期（2002），第 5-9 頁。

7. 吳必強，〈武術的美學特徵及講授方法〉，《高等建築教育》4 期
　　（2001），第 55-57 頁。

8. 吳汝鈞，〈胡塞爾的現象學方法（中）〉，《鵝湖月刊》26 卷 12
　　期（2001），第 14-21 頁。

9. 吳汝鈞，〈胡塞爾的現象學方法（下）〉，《鵝湖月刊》27 卷 1 期
　　（2001），57-64 頁。

10. 周亨友，〈中華武術的美學本質〉，《湖北體育科技》20 卷 2 期
　　（2001），第 20-21 頁。

11. 周桂鈿，〈陰陽論－中國傳統哲學辯證法之一〉，《中國社會科學
　　院研究生學報》5 期（1996），第 8-13 頁。

12. 周貴華，〈試論胡塞爾現象學的開放性及意義〉，《襄樊學院學
　　報》22 卷 4 期（2001），14-18 頁。

13. 秦子來，〈長拳與太極拳的陰陽之我見〉，《湖北醫科大學體育函
　　授通訊》3 期（1997），第 15-16 頁。

14. 徐宏魁、韓靜，〈簡論武術的哲學思想〉，《體育函授通訊》18 卷
　　（2002），第 26-28 頁。

15. 袁義江、郭延坡，〈論杜夫海納的現象學美學〉，《松遼學刊》4
　　期（1995），第 35-40 頁。

16. 陳本益，〈現象學還原方法與文學批評〉，《湖南大學學報》15 卷
　　4 期（2001），第 58-62 頁。

17. 陳大明，〈論老子"恒道"思想的現代意義〉，《學習論壇》6 期
　　（2002），第 28-30 頁。

18. 郭梨華，〈老子中的損、益說〉，《世界中國哲學學報》5 卷
　　（2001），第 3-15 頁。

19. 莫先武，〈關於美學範疇幾個問題的甄別〉，《南京曉庄學院學報》18 卷 3 期（2002），第 63-69 頁。

20. 曾天雪、王　飛，〈20 世紀武術美學研究反思〉，《武漢體育學院學報》36 卷 3 期（2002），第 44-46 頁。

21. 黃念然，〈佛教中觀論與中國古代美學〉，《湛江師範學院學報》19 卷 4 期（1998），第 68-71 頁。

22. 楊黎明，〈太極拳與辯證法〉，《體育學刊》4 期（1997），第 49-50 頁。

23. 雷嘯天，〈中國武術之探源與闡微〉，《中國武術史料集刊》5 集（1980），第 168-187 頁。

24. 溫　力，〈周易的哲學思想和中國武術的運動原理〉，《武漢體育學院學報》102 期（1994），第 9-13 頁。

25. 張永清，〈胡塞爾的現象學美學思想簡論〉，《外國文學研究》1 期（2001），第 12-17 頁。

26. 張永清，〈從現象學角度看審美對象的構成〉，《學術月刊》6 期（2001），第 47- 54 頁。

27. 張志勇，〈論中國武術美學思想的內涵與特徵〉，《成都體育學院學報》24 卷 1 期（1998），第 11-15 頁。

28. 張茂于，〈現代美學思想與武術〉，《西南民族學院學報》23 卷（2002），第 299-300 頁。

29. 張耀宗，〈老子思想對教育的啓示〉，《教育資料與研究》28 期（1999），第 60-65 頁。

30. 張衛民、王學雷，〈教育哲學基本問題討論〉，《山西大學學報哲學社會科學版》4 期（1998），第 101-104 頁。

31. 張有喜，〈陰陽觀念與陰陽思維〉，《雁北師院學報》3 期

（1994），第 27-28 頁。

32. 梁力夫，〈武術套路運動藝術的美學特徵〉，《體育科技》19 卷 2
　　期（1998），第 67-70 頁。

33. 梅杭強、陳　蓓，〈武術套路的傳統美學闡釋〉，《天津體育學
　　報》16 卷 4 期（2001），第 65-67 頁。

34. 趙國求、李銳鋒，〈陰陽平衡與現代科學物質觀〉，《武漢工程職
　　業技術學院學報》13 卷 4 期（2001），第 20-25 頁。

35. 趙雲龍、龔江泳，〈淺析武術與古典哲學陰陽理論的關係〉，《浙
　　江體育科學》23 卷 5 期（2001），第 52-54 頁。

36. 蔡小瓏，〈論太極運動的陰陽化合〉，《三明職業大學學報》4 期
　　（1998），第 71-72 頁。

37. 鄧開初，〈陰陽－哲學範疇與詞義體系〉，《船山學刊》3 期
　　（2002），第 65-68 頁。

38. 劉　銳，〈中國武術文化的哲學內涵〉，《四川體育科學》1 期
　　（2000），第 8-10 頁。

39. 劉正國，〈虛實關係的美學思辨〉，《唐都學刊》17 卷 1 期
　　（2001），第 89-91 頁。

40. 劉一民，〈運動經驗的現象學考察－透過運動觀照生命本體〉，
　　《臺灣師大體育研究》3 期（1997），第 83-100 頁。

41. 錢　捷，〈本體的詮釋（上）---析梅洛龐蒂現象學 "肉體" 概
　　念〉，《哲學研究》5 期（2001），第 31-35 頁。

42. 錢　偉，〈從老子的教育哲學思想看當代主體性教育〉，《廣西師
　　範大學學報研究生專輯》（2002），第 162-164 頁。

43. 謝清果，〈老子形象思維及其現代價值〉，《福建師範大學學報哲
　　學社會科學版》1 期（2002），第 28-33 頁。

44. 鄭仕一，〈從體育哲學範疇探究陰陽關係在中國武術教學中的價值〉，《大專體育學刊》5卷2期（2003），第11-25頁。

45. 鄭萬耕，〈陰陽變易學說的思惟特徵〉，《中國哲學史》3期（2000），第28-34頁。

46. 鄭萬耕，〈試論宋明易學的太極動靜觀〉，《周易研究》5期（2002），第16-21頁。

47. 鄭學禮著、陳錦鴻譯，〈中觀的基本思想〉，《東吳哲學學報》1卷（1996），第115-133頁。

48. 鄭旭旭、袁鎮瀾，〈中日武術對佛學、佛教借鑒的比較研究〉，《武漢體育學報》36卷1期（2002），第46-49頁。

49. 關群德，〈梅洛-龐蒂的時間觀念〉，《江漢論壇》5期（2002），第49-52頁。

50. 嚴以健，〈簡論中國繪畫和戲曲美學思想的一致性〉，《鹽城工學院學報》14卷2期（2001），第75-78頁。

51. 蘇宏斌，〈觀念、對象與方法－胡塞爾的現象學思想概觀〉，《浙江社會科學》2期（2000），第113-117頁。

52. 蘇宏斌，〈現象學的意向性理論述評－從胡塞爾到梅洛・龐蒂〉，《學術研究》4期（2002），第44-48頁。

53. 蘇宏斌，〈作爲存在哲學的現象學－試論梅洛龐蒂的知覺現象學思想〉，《浙江社　會科學》3期（2001），第87-92頁。

54. 顧志龍，〈胡塞爾現象學總體範疇研究〉，《山東科技大學學報》2卷3期（2000），第20-23頁。